MEDITACIÓN

EL PODER DEL PENSAMIENTO

J. I. WEDGWOOD

ANNIE BESANT

MEDITACIÓN
EL PODER DEL PENSAMIENTO

J. I. WEDGWOOD
ANNIE BESANT

ARCANA

MEDITACIÓN, EL PODER DEL PENSAMIENTO

Traducción: Miguel Jiménez Sales y José Melián
Ilustración y diseño de cubierta: Daniel Jurado

Edita: Olmak Trade S.L.
C/ Roca Plana 1
08110 - Montcada i Reixac
Barcelona (España)

www.olmaktrade.com
info@olmaktrade.com

Impreso en España / Printed in Spain

I.S.B.N: 978-84-10109-79-7
Depósito Legal: B 22594-2024

Efectúa una introspección de ti mismo y contémplate, y si todavía no te encuentras hermoso, haz lo que hace el creador de una estatua cuando desea que sea bella: corta por aquí, pule por allá, aligera esta línea, hace ésta otra más pura, hasta que la estatua queda perfecta. Haz tú lo mismo: quita todo lo excesivo, endereza todo lo torcido, pon claridad a todo lo sombrío, trata de que el conjunto brille esplendoroso y no dejes de cincelar tu estatua hasta que brille como el dios esplendente de la virtud, hasta que veas el buen resultado final establecido en la capilla inoxidable.

Plotino, *Sobre lo Maravilloso*
(versión inglesa de Stephen Mackenna)

PRINCIPIOS DE MEDITACION

por

J. I. Wedgwood

INTRODUCCION

Este pequeño libro es una idónea introducción a un tema muy importante, y será una guía muy útil para el principiante, ya que le indica cómo hacer algo que tal vez no hizo jamás en el pasado. Mas, como en todos los seres vivos, cada uno ha de encontrar en realidad su método y su técnica individuales. Los que estudian el arte de la pintura pueden aprender mucho de sus maestros, pero nunca llegarán a ser verdaderos artistas hasta que hallen su propia línea creativa. Lo mismo sucede en el arte de la meditación, donde la base principal puede residir o en el descubrimiento de uno mismo o en el descubrimiento de la naturaleza del universo externo. Sin embargo, ambas cosas son esencialmente una sola: el hombre sólo puede conocer el universo aprendiendo antes a conocerse a sí mismo, y asimismo tal como se ve en relación con su entorno.

Por esto se ha añadido un apéndice al texto original. El mismo sugiere un método de examen y, comprendiéndolas, se llegan a superar las faltas y las dificultades propias. Dicho método deriva francamente de la moderna psicología analítica, existente desde no hace relativamente mucho tiempo. Por fin se ha comprendido que si una persona descubre en sí una tendencia a pensar en términos de envidia, sensualidad o cólera, simplemente no hace nada para intentar suprimir dicha tendencia. Lo que ha de hacer, en cambio es estudiar y sacar a la superficie sus facetas más oscuras antes de tratar con ellas, no suprimiendolas o ignorandolas, sino superándolas.

También se ha arrojado cierta duda sobre la validez de "tratar de hallar un Maestro". Muy a menudo esta búsqueda está teñida por la esperanza de una promoción personal, con el etiquetado oculto de discípulo, iniciado, etcétera. No obstante, usado como es debido, la búsqueda del Maestro es un ejercicio devocional de inmensa utilidad práctica. Acostumbra al aspirante a tratar de hallar la visión interior de lo que puede ser el hombre perfecto. Pero es preciso buscar un Maestro real, no una idea personal del Mismo. "El hombre hace a Dios según su imagen", se ha dicho. Esto también puede aplicarse igualmente al Maestro. No obstante, tanto Dios como los Maestros existen por Derecho propio, y es a esos Seres autoexistentes los que hemos de intentar encontrar y no sólo a nuestra idea de Ellos. Por eso, con gran razón, Krishnamurti censura la práctica de buscar Maestros.

La clave básica de todo esto reside en no pedir nunca algo para uno mismo, y por tanto, en tratar de eliminar todo rastro de ambición o de búsqueda de sí mismo desde la propia mente. Las iniciaciones son muy reales, aunque tal vez no en la forma en que se nos han descrito. Pero el individuo que las busca en lugar de intentar encontrar aclaraciones y la verdad, sólo se interesa por algo que pueda reforzar su ego personal y su sentido de la importancia. Y esto en sí es una barrera a cualquier adelanto auténticamente espiritual. La Meditación es la búsqueda de la Verdad... no de la mera experiencia personal.

En conclusión: me gustaría añadir que me siento privilegiado al permitírseme presentar este pequeño libro. Su autor fue un hombre de gran corazón, a quien todos debemos mucho. Y fue él quien me enseñó lo que puede ser la Teosofía, por lo que aprovecho esta oportunidad para expresarle mi gratitud.

L. J. B.

MEDITACION PARA PRINCIPIANTES

Las presentes indicaciones se han escrito especialmente para los teósofos, aunque también pueden ser una ayuda para los que todavía no han abrazado la filosofía de la vida resumida bajo el nombre de Teosofía. Esto se ha hecho en este sentido toda vez que el autor cree que de poco sirve iniciar la práctica seria de la meditación si antes no se dominan las enseñanzas relativas al control y el empleo debido del pensamiento y las emociones, según describen los libros de Teosofía, y hasta que el aspirante haya surgido de la fase *dilettante* del Ocultismo. Hasta entonces, obtendrá mayores beneficios de la sosegada reflexión sobre los libros devocionales o de la práctica de los métodos primitivos, existentes en las diversas religiones exotéricas. Para los estudiantes más adelantados, que sigan otros métodos de estudio, el autor prefiere no escribir.

Qué es la meditación

La meditación consiste en el esfuerzo de llevar a la conciencia despierta, o sea a la mente en su estado normal de actividad, cierta comprensión de la super-conciencia, para crear, mediante el poder de aspiración, un conducto a través del cual la influencia del principio divino o espiritual –el hombre real–, pueda irradiar la personalidad más inferior. Es la propensión de la mente y los sentimientos hacia un ideal, y la apertura de las puertas de la aprisionada conciencia inferior a la influencia de ese ideal. "La Meditación", dice H. P. Blavatsky, "es la inefable añoranza del hombre interior por el Infinito."

El ideal elegido puede ser abstracto, puede ser una virtud, como la simpatía o la justicia; puede ser la idea de la Luz Interior, de esa Esencia Divina que es la realidad más íntima de la naturaleza del hombre; puede incluso ser reconocida como la sensación vaga y tenue de lo más elevado que hay en nosotros. O bien ese ideal puede quedar personificado como un Maestro, Un Enseñante Divino... y hasta puede ser considerado como encarnado en alguien a quien juzgamos digno de respeto y admiración.

En consecuencia, el sujeto y el tipo de meditación variarán ampliamente según el temperamento y el "rayo de luz" del individuo. Pero en todos los casos resulta esencial la elevación del alma hacia su origen divino, el deseo del Yo particularizado a ser uno con el Ego universal.

Los primeros pasos

El primer paso de la meditación consiste en el cultivo del pensamiento, hasta que sea habitual que el cuerpo físico se convierta en un instrumento del espíritu.

Los que acaben solamente de trabar conocimiento con el pensamiento teosófico pueden hallar difícil al principio este cambio de su punto de vista; para ellos, el alma y el espíritu son irreales. Los "planos" y los "cuerpos" a que se refieren los escritores teosóficos en su intento de dar claramente y con precisión científica un pequeño atisbo de los misterios del ser humano, se memorizan en términos del diagrama de un libro de texto, siendo evocado cada nombre mediante un gran esfuerzo de la memoria. El cuerpo físico es la realidad tangible y el suprafísico lo sombrío y vago, como un mero concepto intelectual. Pero gradual y casi imperceptiblemente, este sentimiento se va perdiendo, y una sensación de *realización* de lo suprafísico empieza a abrirse paso en el cerebro físico y a dar vida a lo que no era antes más que una teoría intelectual. No hay que buscar muy lejos la razón de todo esto. Leer libros de Teosofía es situarse uno mismo en contacto con poderosas fuerzas estimulantes del mundo de los arquetipos mentales; leer cuerpos más elevados tiende, dirigiendo la atención a tales cuerpos, a despertar en ellos la propia conciencia. El interés y el estudio de la naturaleza emocional despierta gradualmente al estudiante en ese plano durante el sueño físico. La estimulación de los principios más altos para una mayor actividad también se ve ayudada por estar dentro del aura de los seres desarrollados suprafísicamente.

Como resultado natural, la expansión de la naturaleza interior empieza a modificar la conciencia despierta, y el conocimiento del Hombre más elevado se infiltra lentamente en el cerebro físico, y el estudiante halla que sus conceptos de la vida sufren grandes cambios. Entonces, se observa fácilmente una extensión o ampliación de la conciencia, nuevas formas de pensamiento y de sensaciones y sentimientos se abren ante él, su entorno vital asume un significado nuevo cuando va despertando a tales sensaciones, y las verdades de la Teosofía empiezan a cambiar de una teoría intelectual a una experiencia espiritual.

Dicho brevemente, tal es la racional expansión gradual de la conciencia. Este proceso de expansión y despertar puede apresurarse materialmente. "Ayuda a la Naturaleza", proclama *La Voz del Silencio*, "y colabora con ella, y la Naturaleza te considerará uno de sus creadores y te obedecerá". Un moderno autor científico pregonó la misma verdad con estas palabras: "A la Naturaleza se la conquista con la obediencia".

Tenemos que comprender las leyes de la Naturaleza y así, debidamente elegidas y aplicadas, serán nuestros servidores más obedientes. Esto que tiene lugar lenta y gradualmente en el ordinario curso del tiempo, puede ser deliberadamente apresurado por el esfuerzo inteligente y bien dirigido. Por consiguiente, el primer ejercicio de meditación del estudiante puede consistir en ese objetivo de comprender conscientemente al Hombre más elevado.

La práctica siguiente la empleó quien esto escribe con excelentes resultados, hasta que ya no tuvo necesidad de seguir con ella.

Meditación sobre los "cuerpos"

El estudiante ha de empezar a pensar en el cuerpo físico; después, considerará como es posible controlarlo y dirigirlo, y de este modo separarse del mismo en pensamiento, pensando en él como si fuese un vehículo e imaginándose por unos momentos viviendo en el cuerpo emocional o astral. A su vez, debe reflexionar que puede dominar sus emociones y sus deseos; y, por medio de un gran esfuerzo, comprender que él no es este cuerpo de pasiones impulsivas y contradictorias, de deseos y emociones. A continuación, debe considerar que es un intelecto puro; y volver a pensar que puede controlar sus pensamientos, que tiene el poder de lograr que su mente piense en el tema que más le plazca. Ahora, el estudiante ha de volar hacia la atmósfera libre del espíritu, donde reina una paz eterna y, tras reposar allí algún tiempo, tratar de comprender con gran intensidad que Eso es el verdadero Yo.

Luego, debe volver a descender llevando consigo la paz del espíritu a través de los distintos niveles. Debe afirmar que él es el Yo que usa el intelecto como un instrumento a su servicio. Después, descendiendo a las emociones, dejar que la paz surja a través del aura, al tiempo que afirma asimismo que es él quien usa las emociones como sus servidores; y, finalmente, regresar al cuerpo físico, reconociéndolo como un instrumento y también como un centro de la paz divina, pase lo que pase en el mundo.

Este ejercicio tal vez parezca al principio raro y sin valor, ya que el cuerpo físico es todavía la gran realidad, y el pensamiento y el sentimiento aún son aptos para ser considerados como productos del cerebro físico. El principiante debe recordar que está buscando la manera de destruir el hábito de pensar al cabo de los años y, por tanto, no debe impacientarse por conseguir unos resultados inmediatos. Posiblemente, transcurrirá mucho tiempo antes de que su intuición le asegure con gran certeza que en su interior existen una fuerza mayor, que guía sus acciones y moldea su curso durante su existencia. Naturalmente, puede temer la posibilidad de la autohipnosis, la idea de que, por grados, puede engañarse y caer en la creencia de que todo eso es una fantasía, sin fundamentos de realidad. Para una mente bien equilibrada, las primeras etapas son las más difíciles, toda vez que ofrece una cautela natural antes de aventurarse en lo desconocido y cierta tendencia a efectuar una retirada mental a cada sospecha de peligro. Asimismo, es razonable probar debidamente un sistema ofrecido por las grandes mentalidades de la antigüedad, prescrito en todas las grandes religiones y testimoniado por las personas sinceras y eminentemente sanas de la hora actual. Una práctica persistente, constante, puede dar ciertos resultados. Lo definido de tales resultados y el grado de rapidez con que se vuelvan aparentes dependerá, naturalmente, del temperamento, el ingenio y las posibilidades del individuo.

Una forma más sofisticada que la anterior

A medida que el principiante se familiarice más con la meditación descrita más arriba, puede empezar a elaborarla, de acuerdo con las inclinaciones de su temperamento. Puede hallar como ayuda, por ejemplo, considerar el símil de un piano y el pianista. Cuando el piano produce una música buena y ordenada, así el cerebro y el cuerpo físico dan expresión al pensamiento, al sentimiento y a la actividad ordenada. Pero es el pianista quien se expresa a sí mismo a través del instrumento. De la misma forma el cuerpo físico (en sus actividades voluntarias) vibra en respuesta al Hombre más elevado.

Separándose en pensamiento del cuerpo físico y examinándolo bajo la fría discriminación de la mente, debe comprender que no es más que un vehículo, únicamente un instrumento, una vestidura de carne. Para que la conciencia, que es la manifestación del espíritu, pueda contactar con el mundo físico, debe habitar en un tabernáculo de materia física, emparentada con el mundo físico, porque solamente un vehículo de conciencia física y la formación gradual del instrumento físico para responder a las mismas, el espíritu despliega sus poderes innatos, que pasan de estar latentes a ser potentes.

Entonces, el individuo puede considerar como es posible dominarlo y dirigirlo, como responde a los mandatos de la inteligencia gobernante: el Yo. Así, separándose de aquél en pensamiento, debe imaginarse a sí mismo, por unos momentos, como viviendo en el cuerpo astral.

Ha de reflexionar, a su vez, que las emociones no son su verdadero yo. Puede dominar sus deseos, puede regular el juego de los sentimientos. Sus emociones sólo son un aspecto de su conciencia, trabajando en un campo limitado que, a su vez, es un edificio construido con los materiales del plano emocional, a fin de que la conciencia interior pueda entrar en relación con aquél. El no es este cuerpo de emociones contradictorias y superficiales, de pasiones y deseos. En sus momentos más sosegados sabe que está por encima del cúmulo de emociones. Sus ataques de pasión, de celos, de temor, de egoísmo y de odio no son él sino el conjunto de emociones que se han escapado a todo control, como un galgo puede escaparse de su correa. En el fondo más íntimo de sí mismo sabe que gran parte de esto está ya bajo su control, de modo que por medio de una perseverencia paciente y un valiente esfuerzo, a su debido tiempo todo quedará encerrado dentro de los límites y logrará el dominio absoluto de las emociones.

De esta manera, permaneciendo al margen de las emociones, contemplado toda la esfera de su actividad, el individuo puede considerarse como viviendo en el intelecto.

Al principiante no ha de resultarle difícil separarse de sus cuerpos físico y emocional, ya que en la práctica de la moralidad ordinaria se le enseñó a dominar y controlar sus acciones y las emociones violentas; pero con toda seguridad nunca se le ha hablado de la fuerza del pensamiento, por lo que al principio encontrará cierta dificultad en comprender la posibilidad de controlarlo.

Sin embargo, posee la fuerza de pensar en lo que más le complace y mediante un trabajo perseverante puede aprender a mantener su mente fija en tal pensamiento. Eventualmente, llegará a controlar de tal modo su mente que será capaz de ahuyentar de la misma todo pensamiento desagradable.

Y así, pasando a través de diversas etapas, conseguirá llegar a la contemplación de Eso que no puede definirse con palabras, de algo inefable, real y sagrado, algo que alcanza a la verdadera capilla de su ser, el altar en el cual el divino Shehinah se manifiesta, y compartirá con él ese resplandor dirigido al mundo exterior de los sentidos.

Cuando el estudiante, por medio de su meditación y la repetición durante el día del pensamiento se considere ya como el Hombre interior, surgiendo al exterior mediante la instrumentalidad de un cuerpo físico, podrá pasar a una forma de meditación más sofisticada y científica. Entonces, deberá empezar a ocuparse con un entendimiento mayor de sus diversos detalles y fases, contemplándola como una forma de refrigeración espiritual y crecimiento, y como la ciencia combatiente contra la mente y los sentimientos caprichosos.

Concentración

La meditación suele dividirse en tres etapas: Concentración, Meditación, Contemplación.

Todavía puede ser subdividida, pero es innecesario hacerlo aquí; por otra parte, el principiante deberá recordar que la meditación es una ciencia de toda la vida, por lo que no ha de esperar llegar a la fase de la contemplación pura en sus primeros esfuerzos.

La concentración consiste en enfocar la mente en una idea y mantenerla fija en la misma. Patanjali, el autor del clásico hindú *Aforismos del Yoga*, define el Yoga como el "impedimento a las modificaciones del principio racional". Esta definición es aplicable a la concentración, aunque Patanjali probablemente va más allá en su idea e incluye el cese de la facultad mental de forjar imágenes y todas las expresiones concretas de pensamiento, pasando de esta manera y virtualmente, de la fase de la mera concentración a la de contemplación.

Por tanto, para poder concentrarse es necesario obtener el control de la mente y aprender, por medio de una práctica gradual, a estrechar el campo de su actividad, hasta que sólo tenga una. Hay que elegir una idea u objeto sobre el que concentrarse, para lo cual el primer paso será ahuyentar todo lo demás de la mente, excluyendo la oleada de pensamientos ajenos al tema elegido, pensamientos que pueden danzar frente a la mente como las imágenes fugaces del cinematógrafo. Es cierto que gran parte de la práctica del estudiante, en las primeras fases, debe adoptar la forma de exclusión repetida de los pensamientos, haciendo de esto un entrenamiento excelente. Pero existe otra manera también correcta y tal vez mejor de lograr la concentración; consiste en llegar a estar tan interesado y absorto en el tema o sujeto elegido, que todos los demás pensamientos quedan *ipso facto* excluidos de la mente. Esto es algo que de forma constante estamos haciendo a diario, inconscientemente y por la fuerza de la costumbre. Escribir una carta, sumar una cuenta, adoptar una decisión, tratar de solucionar un problema... todas estas ocupaciones suelen mantener a la mente fija en lo que se está haciendo exclusivamente, lo cual es precisamente la concentración. El estudiante ha de aprender a realizarlo a voluntad, y lo logrará mejor cultivando el poder y el hábito de observar y prestar atención a los objetos externos.

Debe escoger un objeto: un bolígrafo, un papel secante, una hoja vegetal, una flor... y observar los detalles de su aspecto y su estructura, que usualmente pasan inadvertidos; debe catalogar una a una sus propiedades, hasta que el final hallará que este ejercicio posee un interés absorbente. Si es capaz de estudiar el proceso de su fabricación o crecimiento, el interés será mucho mayor. Ningún objeto de la naturaleza es en realidad completamente aburrido o falto de interés, y si alguno nos lo parece, ese fallo de apreciación de su belleza reside en nuestra falta de atención al mismo.

Como ayuda a la concentración, es bueno repetir en voz alta las ideas que pasan por la mente. Ejemplo: el bolígrafo es negro, refleja la luz de la ventana en cierta parte de su superficie, tiene unos ocho centímetros de longitud, es cilíndrico; hay unas letras en su superficie; es alargado como un huso... y así sucesivamente *ad libitum*.

De este modo, el estudiante aprende a apartarse del mundo exterior y a encerrarse en el mundo más pequeño que ha elegido. Cuando pueda realizar esto con cierto éxito habrá logrado un grado de concentración, porque será evidente que en su cerebro habrá muchos pensamientos... pero todos concentrados en el tema del bolígrafo. Hablar en voz alta ayuda a rebajar esta oleada de pensamientos y a impedir que la mente se extravíe. Gradualmente, mediante la práctica, el estudiante aprende a estrechar todavía más el círculo de los pensamientos hasta que, de manera literal, su mente sólo apunta en un sentido.

La práctica mencionada posee la naturaleza de la instrucción militar; requiere un grado de extremada aplicación y, además, puede parecerle fría al estudiante, por despertar muy poca emoción. También se puede adoptar corrientemente otro ejercicio de concentración, mas antes de describirlo diremos que el ejercicio anterior necesita ser dominado completamente en alguna etapa de la carrera del estudiante. Cierto grado de maestría es un preliminar valioso para la buena visualización, es decir, para el poder mental de reproducir un objeto con todos sus detalles, sin verlo con los ojos; una correcta visualización es un rasgo necesario en casi toda la labor llevada a cabo por los estudiantes entrenados en los métodos ocultistas, tales como la construcción deliberada de formas de pensamiento y la creación de símbolos mentales en las ceremonias. Por tanto, el estudiante realmente interesado no descuidará este aspecto de su labor alegando que es difícil y que requiere una excesiva dedicación. También deberá aplicarse a la visualización, observando y escrutando cuidadosamente un objeto, y tratando, con los ojos cerrados, de construir una imagen mental del mismo.

El segundo método, ya mencionado, consiste en concentrarse, no en un objeto físico, sino en una idea. Si esto posee alguna virtud, es la ventaja de despertar el entusiasmo y la dedicación del estudiante, lo cual es muy importante en las fases iniciales de su práctica, cuando se ponen a prueba a menudo la perseverencia y la tenacidad. Además, el esfuerzo añade esta virtud al carácter. En este caso, la concentración reside principalmente en los sentimientos y es, menos especificamente, un proceso mental. El estudiante intenta reproducir en sí mismo la virtud, digamos la simpatía, a la que apunta, manteniendo en sí una sola emoción, y mediante la fuerza de su voluntad consigue casi siempre esa simpatía. Es más fácil apuntar a un solo objetivo en sentimiento que en pensamiento, ya que éste es más sutil y activo; pero si es posible conseguir la concentración intensa del sentimiento, la mente la seguirá, hasta cierto punto al menos.

Meditación

Tras considerar la concentración, podemos pasar a la segunda división de nuestro tema, o sea la meditación. La meditación es el arte de considerar un tema o darle vueltas en el cerebro, en sus diversas finalidades y relaciones. Hablando con propiedad, la fase de meditación no sigue inmediatamente a la orientación mental apuntada a un solo objetivo, ya descrita antes, sino que más bien sucede a la fase de concentración comparativa que ha desterrado del cerebro todas las ideas ajenas al tema en consideración; pero se necesitará una concentración eficaz en cada rama de la meditación. No necesitamos ocupar espacio con más definiciones de la meditación, sino que podemos pasar ya a ciertos esquemas prácticos que ilustrarán su naturaleza y método más claramente que la disertación teórica. Más arriba hemos tocado la idea de la simpatía, y ahora lo utilizaremos para el tema de la meditación.

Meditación sobre la simpatía

Hay que pensar que, lo mismo que las demás virtudes, la simpatía es un atributo de la Conciencia Divina; hay que tratar de comprender su naturaleza y su función en el mundo; considerarla como una fuerza envolvente que une un yo particularizado con otro. Compararla con el amor, pues la simpatía implica la comprensión de los demás y el poder de colocar al propio yo en su posición; el amor no necesita llevar implícita esta comprensión, porque puede consistir unicamente en el intenso deseo de entregarse a otra persona, aunque sea más perfecto si va unido a una comprensión simpática; por otra parte, para su completa expresión, la simpatía requiere la mayor fuerza interior motivadora que sólo puede aportar el amor. Hay que imaginarse a la simpatía divina como vertida en el mundo a través del hombre ideal: Cristo o el Maestro... y dirigida hacia la individualidad de uno mismo.

Entonces, el estudiante deberá, con una gran aspiración activa, sumergirse en la oleada de esa inefable influencia que irradia el Maestro, y tratar de alcanzar el objeto de su devoción. (Aquí puede lograrse la fase de contemplación.) Debe pensar que ésta es una virtud aplicable a la vida cotidiana, a sus amigos y a los seres amados, incluso a aquellos con quienes necesita tener una mejor comprensión; debe representárselos uno a uno ante él, y envolverlos con la influencia que se vierte a través suyo.

Otra y más elaborada meditación puede realizarse en beneficio de los que son incapaces de detenerse por algún tiempo más o menos largo en un solo pensamiento.

Meditación para expandir la conciencia

El estudiante debe elevar su conciencia y contemplar la inmensidad del universo; la imagen del firmamento cuajado de estrellas, la suave radiación del sol poniente, o la idea del cosmos encerrado en el infinitamente diminuto átomo, todo lo cual le ayudará en esta meditación; también, si lo desea, puede utilizar el método de elevar la conciencia a través de los diversos niveles de su ser, ya descritos anteriormente.

Después, ha de dirigir sus pensamientos, en la más noble aspiración, hacia el Logos de nuestro sistema, e imaginar que todo el sistema se halla contenido dentro de los límites de Su conciencia: "En el vivimos, nos movemos y tenemos nuestro ser".

Luego, puede seguir la línea de pensamiento desarrollada en el folleto de Annie Besant, titulado *On Moods,* a saber: que aunque podamos considerar a los miembros más nobles y elevados de la Jerarquía como seres muy distantes de nosotros y casi fuera del alcance de nuestra máxima aspiración, a causa de su alejamiento de los mismos intereses humanos, lo contrario también es verdad, pues estamos literalmente en estrecho contacto con toda la conciencia del Logos. Literalmente es cierto que cada acción, cada sentimiento y cada pensamiento a los que damos expresión, forman parte de El; así, nuestra memoria es parte de Su memoria, porque ¿qué son todos los recuerdos sino el poder de alcanzar los recuerdos akáshicos de la Naturaleza, lo cual es la expresión de Sí mismo?

A continuación, el estudiante empezará a pensar en las cualidades que podemos asociar con la manifestación de Dios en Su mundo; tomemos, por ejemplo, la justicia, la belleza y el amor. La justicia del Supremo se muestra en las inmutables leyes de la naturaleza: la ley de la conservación de la energía, el aforismo de Newton, según el cual la acción y la reacción son iguales y opuestas, la ley de la retribución kármica que da a cada ser la exacta recompensa por sus actos. El estudiante ha de pensar asimismo en lo que implica realmente la creencia en el karma: la mano que nos asesta un golpe es el pasado que vuelve a cobrar vida; y gracias a tales reflexiones quedará satisfecho con lo que es o con lo que puede sucederle. También ha de pensar en las innumerables relaciones, según esta ley, efectuadas entre hombre y hombre, la urdiembre del plan de Dios en el universo, y ver en estas complejas relaciones la ley invariable de la justicia perfecta.

Pasando acto seguido al aspecto de la belleza, puede estudiar el exquisito plan del Gran Arquitecto y Gran Geómetra del Universo, y escrutando con más atención toda la naturaleza creada, percibirá la universalidad de ese aspecto del Supremo que se expresa en la belleza y la armonía. Cambiando de la belleza de la naturaleza a la creada por el ser humano, éste puede volcar con las alas de la imaginación y contemplar las obras maestras de ese arte humano que bordea el reino de la divinidad, porque, a decir verdad, los materiales que posee el artista son las fuerzas divinas de la naturaleza. Así, en la música, las poderosas estructuras del sonido reflejan en muchos matices las fuerzas arquetípicas de la naturaleza que llegan a través de las arrebatadas multitudes de los Gandharvas, revelando al hombre el poder de la palabra oculta y elevándole una vez más el reino de su herencia divina.

Y en el compasivo amor del Supremo tienen su origen todas las relaciones humanas de ternura y amor. Al ojo del espíritu la belleza femenina no produce un deseo carnal, sino más bien el motivo por el que debe ser respetada como hija de Dios y una manifestación de Su suprema belleza. Sólo existe un amor en todo el Universo, dado por el Divino Padre a la custodia de Sus criaturas, y dicho amor es la fuerza capital que, en su elemental aspecto creador, produce la multiplicidad de formas y en su aspecto más elevado atrae a las almas hacia la unidad de la Vida Unica.

Contemplación

Al principiante que intente las anteriores meditaciones, al comienzo le parecerán seguramente nada más que unos ejercicios intelectuales, más o menos interesantes según la tendencia de su temperamento, y capaces de despertar en él cierto grado de sensaciones. Pero a medida que persevere en los esfuerzos y penetre más profundamente en la maravilla y la hermosura de los grandes conceptos que está considerando, adquirirá también gradualmente parte de esa experiencia espiritual que cruza el abismo existente entre el hombre del conocimiento y el hombre de la sabiduría, y alcanzará a comprender, al menos en parte, la paz interior y la exaltación del alma, de las que San Alfonso de Liguori habló al describir la meditación como "el horno bendito en el que las almas se inflaman con el amor Divino". Porque la meditación armoniza los cuerpos en los que trabajamos, permitiendo que la luz espiritual brille e ilumine los rincones más oscuros de nuestra despierta conciencia. Acalla el torbellino de nuestras personalidades –la mente, las emociones, la incansable actividad del cerebro– y, en razón de la vibración sincronizada de los cuerpos inferiores, permite al ego influir en la personalidad. Y a medida que el estudiante se enriquece en experiencia espiritual, verá que gradualmente se abren nuevas fases de conciencia en su interior. Fijando la aspiración en su ideal, tendrá conocimiento de la influencia de ese ideal que irradia sobre él, y cuando efectúe un esfuerzo desesperado para alcanzar el objeto de su devoción, por un fugaz momento se le abrirán las compuertas celestes y se hallará fundido con su ideal y sumido en la gloria de su conocimiento.

Tales son las etapas de la contemplación y la unión. La primera es la ascensión a lo alto, cuando las figuras más formales de la mente han sido transcendidas, y la segunda es el logro de ese estado de éxtasis espiritual, cuando los límites de la personalidad se han ensanchado y todas las sombras de la desunión se han desvanecido en la unión perfecta de objeto y buscador. Sería ocioso intentar otras descripciones de tales experiencias, puesto que ¿no están acaso lejos del alcance de una declaración formulada? Las palabras pueden servir de señales indicando el camino hacia lo que es inefablemente glorioso, a fin de que el peregrino pueda conocer adonde ha de dirigir sus pasos.

LA BUSQUEDA DEL MAESTRO

Las meditaciones descritas antes servirán de base al principiante y, seguidas conscientemente, pueden darle muy buenos resultados. Sin embargo, el valor de tales resultados dependerá, claro está, del individuo. Pero este conocimiento de la vida interior de la experiencia espiritual puede apresurarse aprovechándose de ciertas oportunidades que son el privilegio de todos los buscadores, y más especialmente de los teósofos. Ningún buen estudiante puede aspirar a ser un Miembro de la Sociedad Teosófica, sin comprender la importancia de la concepción del Maestro. Se nos dice que la Sociedad fue fundada por los Hermanos de la Gran Logia Blanca, a fin de ser su instrumento en el mundo; si es así, son muy grandes las oportunidades de los teósofos. Al principiante le resta probar este gran hecho en sí mismo, como otros lo han probado y demostrado antes que él.

En cierta ocasión se declaró que un Maestro dijo que cuando una persona ingresa en la Sociedad Teosófica está conectado con los Hermanos Ancianos que dirigen su labor mediante un tenue hilo de vida. Este hilo es la línea de la *relación* magnética con el Maestro, y el estudiante debe, por medio de un esfuerzo arduo, por la devoción y el servicio abnegado, fortalecer y ampliar ese hilo hasta que sea una línea de luz viva. Los Maestros aceptan como discípulos a los que ofrecen las necesarias calificaciones especiales. El hecho de que sean muy pocos los que logran ese privilegio excepcional no debe disuadir al estudiante, porque son muchos los que se hallan bajo la fase de discípulos en los que el Maestro se toma un gran interés y a los que ayuda de vez en cuando, bien de manera general, bien prestándoles una atención especial. En realidad, puede decirse que existe una presión constante de la fuerza del Maestro detrás de la Sociedad, de forma que los miembros que se abren a la misma se convierten en conductos por los que aquella fluye.

Comprendiendo todo esto, el estudiante voluntarioso, al moldear su esfuerzo espiritual, deseará probablemente llegar hasta el Maestro, por ser éste el ideal más elevado dentro del campo de su aspiración espiritual. ¿Cómo puede ser orientado en esta tarea? Primero, con el servicio leal, tanto en su vida cotidiana como frente a la Sociedad que es el instrumento físico de los Maestros. Dando esto por sentado –y más que se dirá al respecto–, ¿cómo debe proceder? El paso siguiente dependerá de su carácter. Puede imaginar que él es el Hombre Ideal, sintetizando en sí las cualidades y dones de carácter que más fuertemente le seduzcan, y esforzándose por realizar todas las acciones en su nombre, y alcanzarlo en su meditación.

La ventaja de este método para alcanzar al Maestro es que le otorga al estudiante un ideal constantemente a su alcance, definido y tangible para él. Son muchos los que copian el grito de Lamartine, al afirmar que necesitaba un Dios personal para el, un Dios cuyos brazos pudieran abarcar a toda la doliente humanidad, y cuyos pies pudieran ser besados por los pecadores arrepentidos.

La misma idea, con una aplicación distinta, se expresa en el bien conocido texto:

"... porque si no ama a su hermano, al que ve, ¿cómo puede amar a Dios al que no ve?"

1 Juan IV, 20.

Todos los chelas aceptados de un Maestro, y aún más, cada vencedor que ha pasado bajo los portales de la iniciación, es un canal de la influencia del Maestro, y es por el que éste puede ser alcanzado. El Maestro ha tomado una responsabilidad definida por él, y éste es el puesto avanzado de la labor del Maestro en el mundo. En consecuencia, cualquier servicio que se le preste al discípulo, se presta también, hasta cierto punto, al Maestro, aunque sea de una forma tan limitada como facilitarle su labor o ocuparse de su comodidad física, para no hablar de formas más amplias.

El sentido de todo esto quedará perfectamente claro para el estudiante que se enfrenta seriamente con su objetivo, con una gran determinación en el corazón. Sobre dos puntos debe ejercer una escrupulosa cautela: que su mente sea pura y elevada, y no esté llena de pensamientos mundanos cuando la dirige a su ideal. Para este fin, puede conceder unos momentos a un proceso preliminar de revulsión o limpieza; y, segundo, no debe esperar egoístamente una ayuda, ningún beneficio y ningún favor a cambio del servicio. Este es un punto digno de recordar en la meditación: si se intenta atraer el ideal a la posición personal del individuo, o si, de una manera semiconsciente, se busca la satisfacción personal, o la sensación de poder u otros resultados egoístas, el esfuerzo no se vera coronado por el éxito; lo que necesita es un acto de pura satisfacción exenta de egoísmo, de elevación sin pensamiento alguno, aparte el de entregarse al objeto de adoración. Sólo estando libre de la mancha del egoísmo personal, el pensamiento del estudiante ascenderá a un nivel lo suficientemente alto como para abrir ante él la afluencia del influjo más elevado.

Gracias a tales esfuerzos pueden obtenerse grandes éxitos; como la ley es segura, y puesto que la proximidad del ideal posibilita más la intensidad del entusiasmo, el resultado será proporcionalmente más grande. Si el motivo se mantiene altamente puro, y se piensa constantemente en el Maestro, el estudiante podrá un día percibir que la influencia que contacto surge a través, y no de, la persona que simboliza ese ideal, de modo que puede elevarse gradualmente hacia la conciencia directa de la presencia del Maestro. Es posible que en una conferencia, una ceremonia o una reunión devota, tenga conciencia de una presencia más grande que la del instrumento físico, puesto que, como dijo Jesús: "Donde dos o tres se reunen en mi nombre, yo estoy en medio de ellos".

De esta manera, el estudiante verá que, si bien al principio los Maestros eran para el sólo una concepción intelectual, una necesidad lógica en su esquema filosófico, gradualmente y a medida que sus cuerpos responden más a las influencias más elevadas, se convierten en una realidad viva en su existencia, reconocida y percibida tanto por el corazón como por la cabeza.

Forjando el carácter

Pocas palabras hay que decir acerca de este aspecto de la meditación, puesto que está comprendido en lo que ya se ha dicho. Meditar sobre una virtud hace que el hombre entre gradualmente en posesión de esa virtud; es la sintonización deliberada de los cuerpos para que vibren en respuesta al pensamiento de esa virtud, y el establecimiento de un hábito de respuesta a la misma, ya que a cada repetición del pensamiento, es más fácil su recurrencia. Se dice delicadamente en una Escritura hindú: "Cuando un hombre piensa en lo que se está convirtiendo, piensa en lo Eterno".

Hay que usar especialmente la facultad mental de forjar imágenes, junto con los extremados esfuerzos de practicar la virtud deseada. Si a un estudiante le falta valor, debe imaginarse a sí mismo en circunstancias que requieran una exhibición del mismo, hasta llevar la escena a una feliz conclusión. Como la vida ya ofrece bastantes ocasiones para mostrar un comportamiento valeroso, la idea del valor se fijará cada vez más en la mente, y la esforzada práctica remediará el primitivo defecto.

Es aconsejable tomar las diversas virtudes como temas de meditación y, mediante el ejercicio de la mente y el poder de la imaginación, adiestrarse en ser capaz de *sentirlas* a voluntad.

En la lucha para erradicar los defectos, puede ser útil a los estudiantes la siguiente sugerencia. La costumbre de lamentar inútilmente las faltas propias no conduce a la salud mental; pero restarles importancia o negarse a enfrentarse con tales faltas o defectos tampoco es forma de tratar con ellos. Porque cuando uno tiene conciencia plena de una falta o un error, lamentarlo constantemente o sentirse culpable es perpetuar la falta y alentar la morbosidad y la depresión, que actúan como un muro, cerrando el paso a las influencias espirituales.

Un conocido escritor y predicador ha expresado magnificamente esta verdad:

"Recordad que es imposible ver a la vez las dos caras de una moneda. Cuando os sentís desalentados por la lucha contra la naturaleza animal, y estáis altamente disgustados con vosotros mismos, cuando llegáis a odiaros por consideraros totalmente degenerados, el ejercicio más noble para vuestra facultad mental es obligaros a volver de la otra cara la moneda que sois vosotros, y pensar intensamente en ese otro lado, diciendo: "Yo soy La Morada del Señor... mi verdadero ego es su Espíritu Divino...

Light on the Problems of Life,
Wilberforce

El triunfo en la vida espiritual se consigue menos luchando ferozmente con los sentimientos más bajos que ganando gradualmente el conocimiento y la apreciación de las cosas más elevadas. Porque una vez hayamos experimentado la bendición y el júbilo de la vida elevada, en contraste, los deseos inferiores palidecen y pierden su atractivo. Un gran Maestro dijo en cierta ocasión que la mejor forma de arrepentimiento de una transgresión es mirar hacia delante con coraje esperanzador, junto con la firme resolución de no volver a cometer tal transgresión.

AYUDAS FISICAS A LA MEDITACION

Aunque la parte más importante de la meditación se relaciona con la dirección de la voluntad, el pensamiento y el sentimiento, resulta obvio que no podemos olvidarnos del cuerpo físico, por lo que algunas sugerencias sobre el plano físico no estarán fuera de contexto; incluso pueden estar necesariamente entre las cosas atraerán más a la mente del estudiante que inicia la práctica, y no ya la teoría, de la meditación.

La postura

Lo mismo que ciertas ideas y emociones se expresan mediante unos movimientos y gestos característicos del cuerpo, así, por un proceso a la inversa, las posiciones corporales pueden tender a inducir los estados de la mente y el sentimiento, ayudando al estudiante a meditar sobre ellos. Se trata de armonizar el cuerpo físico con los cuerpos más elevados y con el juego de las fuerzas externas de la Naturaleza sobre el mismo.

Al iniciar la meditación, el estudiante puede adoptar una de las dos posturas recomendadas por los expertos en estas materias: sentarse erguido en un sillón confortable, cuyo respaldo no se incline indebidamente; las manos estarán cruzadas, descansando sobre las piernas o apoyadas en las rodillas ligeramente; y los pies estarán juntos o cruzados, el derecho sobre el izquierdo. Esta postura debe resultar cómoda y relajante, con la cabeza no hundida en el pecho sino ligeramente equilibrada, ojos y boca cerrados, y, como sugirió un conocido escritor de yoga indio, la columna, donde se halla el fluido magnético, erguida. También puede el estudiante sentarse en una postura similar en un diván, un taburete o el suelo, con las piernas cruzadas, al estilo oriental. Los expertos también recomiendan presionar las extremidades corporales, a fin de impedir la salida del magnetismo, que es un fenómeno natural, por las puntas de los dedos, los pies, etcétera. La postura de piernas cruzadas es en cierto modo la más eficaz, puesto que el magnetismo liberado se eleva entorno al cuerpo como una concha protectora. Pero para los occidentales es una postura inconveniente, aunque en Oriente, donde se originó casi todo nuestro moderno yoga, sea la forma natural de sentarse. Un escritor observó con agudeza que "muchas son las dificultades iniciales, pero se hallan considerablemente aumentadas por los que creen necesario asumir fantásticas posturas orientales para molestar al cuerpo, que se mostraría mucho más colaborador si fuese victoriosamente ignorado" (*Meditations*, Alice C. Ames).

Una postura que no debe adoptarse, salvo en contadas ocasiones, es la de tenderse, pues la inclinación natural en tal postura es la de dormir. Además, el cerebro no responde simpáticamente a una vida más elevada si se frena la circulación sanguínea, de ahí el valor de un baño frío o una vigorosa caminata antes de la práctica matinal.

La respiración y otros temas

Las posturas corporales recomendadas no solamente admiten, sino que se dice que inducen a una plena respiración abdominal, como la practicada por los buenos cantantes. Lo cierto es que existe una gran relación entre la meditación y la respiración. George Fox, el Cuáquero, y otros Quietistas, afirman poseer el don de la "respiración interna". En la práctica, se descubre que a medida que el cuerpo armoniza con la meditación, la respiración se torna más profunda, más regular y más rítmica, hasta que gradualmente se hace tan lenta y sosegada que es casi imperceptible. Al ser observado este proceso, se invirtió el proceso en el *hatha yoga*, y, mediante la deliberada regulación de la respiración, se intentó armonizar las funciones corporales y, finalmente, el funcionamiento de la mente. Sin embargo, hay que prevenir al estudiante contra la práctica indiscriminada de los ejercicios de respiración, tan extendidos en la literatura occidental sobre el yoga. Para empezar, siempre es peligroso en la cultura física trabajar de "abajo arriba"; gastarle bromas al cuerpo físico en vez de tomarse en serio la profunda enseñanza de *La voz del silencio*:

"La Mente es el gran Asesino de lo Real. Enseñemos al Discípulo a matar al Asesino."

Hay que aconsejar al estudiante que aprenda a controlar el pensamiento según las enseñanzas del *raja yoga*, dejando que sus esfuerzos de meditación ejerzan su efecto natural sobre el desarrollo de su cuerpo físico y el modelado de los órganos psíquicos. Además, lo que se puede practicar impunemente en un cuerpo oriental no siempre se puede intentar convenientemente en un cuerpo occidental, algunos de esos ejercicios de respiración son tremendamente peligrosos y proclives a ocasionar desastrosas consecuencias. Debe decirse, que no hay ninguna objeción en respirar profundamente de forma sencilla, siempre que no se ejerza una presión indebida sobre el corazón, ni se intente concentrar el pensamiento en los diversos centros del cuerpo.

El estudiante hallará útil quemar un poco de incienso, puesto que tal cosa purifica la atmósfera desde el punto de vista del ocultismo; también puede ayudarse con los bellos colores, los cuadros, las fotografías que le rodeen, las flores y otros medios de elevar la mente y los sentimientos.

Asimismo, le será útil observar ciertas restricciones dietéticas, llegando incluso a la completa abstinencia del alcohol y la carne. Tomar alcohol *pari passu* con la práctica de la meditación extrema, puede dar como resultado síntomas de inflamación en el cerebro.

El horario

Otro punto que no se debe descuidar es la cuestión del horario. Es importante, aunque no *sine qua non*, que uno se adhiera a las horas elegidas. Gran parte de las dificultades iniciales de la meditación se deben a la actividad automática de la mente y el cuerpo, llamados a veces los elementos de los cuerpos, a resistirse con una especie de instinto, que aunque ciego puede ser extremadamente poderoso, al intento de imponerles nuevos hábitos. Se han establecido tres períodos del día como los más convenientes magnéticamente: cuando sale el sol, cuando está en su meridiano y cuando se pone. Fueron éstas las horas elegidas por los antiguos devotos, aunque naturalmente han sido modificadas de acuerdo con las exigencias modernas. Además de esas horas, es aconsejable cerrar la mente al toque de cada hora durante un instante, durante el estado de vigilia, a fin de pensar en uno como en el Hombre Espiritual. Está práctica conduce a lo que en la teología mística cristiana se llamó autorrecogimiento. El objetivo del estudiante ha de ser adiestrar a la mente para que automáticamente revierta a los pensamientos espirituales.

No es aconsejable, en cambio, dedicarse a la meditación inmediatamente después de una comida, o a altas horas de la noche. En el primer caso, los procesos del pensamiento les falta la sangre dedicada al proceso digestivo; en el segundo, los cuerpos están cansados y el doble etérico se desplaza con mayor dificultad; además, actúa la influencia negativa de la luna, por lo que podrían producirse resultados poco deseables.

La positividad y el desarrollo psíquico

El sistema de meditación que aquí presentamos al estudiante tiene como objetivo su desarrollo espiritual, mental y ético, así como el control de la mente y los sentimientos. No se apunta al desarrollo de las facultades psíquicas "de abajo arriba". Pero el resultado natural puede ser el de instaurar una forma de psiquismo intuitivo en los individuos con una organización sensitiva suficiente, que se dará a conocer aumentando la sensibilidad a la influencia de personas y lugares, recordando memorias fragmentarias de las experiencias en el plano astral durante el sueño, en el poder de reconocer la influencia de los Maestros y la gente desarrollada espiritualmente, y así sucesivamente.

Existe una contingencia especial que el estudiante que siga los métodos de autodesarrollo positivo aquí descritos debe evitar cuidadosamente, y es el desarrollo del mediumnismo pasivo y el control espiritual a través de métodos de meditación negativos, ya que, sean cuales sean los méritos del espiritualismo, los dos sistemas son incompatibles. Por ejemplo, en algunos libros del yoga occidentalizado se induce al estudiante a iniciar la meditación llevando los ojos hacia arriba y manteniéndolos fijos en lo alto. Esto tiene como efecto imponerle al mecanismo visual una gran tensión, y así rebajar la acción del cerebro, cuyo resultado es un estado negativo de autohipnosis, pudiendo sobrevenir un semi-trance, acompañado de ciertas manifestaciones psíquicas. Se obtiene un resultado parecido con el uso de un cristal.

También puede intrigar al estudiante que los escritores le digan que se abra a las influencias espirituales y sea al mismo tiempo positivo. La dificultad se debe a una confusión de etapas. El esfuerzo positivo se necesita como preliminar, y más tarde le sigue la condición pasiva. La intensidad positiva del esfuerzo hace que la conciencia juegue a través de los niveles más elevados de sus diferentes vehículos, o, para mirar las cosas de forma distinta, para armonizar dichos vehículos, llevándolos a una relación sincronizada unos con otros, a fin de que pueda minimizarse la influencia más alta; sólo entonces es seguro relajar la tensión hacia lo alto, en la comprensión de la paz así alcanzada. Tal vez, al fin y al cabo, la frase "abrirse" a las influencias espirituales", no signifique en tal condición más que mantener una actitud de inmovilidad y silencio intensos a un alto nivel espiritual. Quien esto escribe oyó en cierta ocasión un punto similar, bien ilustrado por Robert Hugh Benson. Ofreció el ejemplo de una gaviota inmóvil contra una galerna; para el espectador, el ave parece pasiva e inmóvil, y no obstante, exige un poderoso esfuerzo de las almas, mantenido continuamente.

Resulta obvio que esta intensa inmovilidad señala una etapa, separada por años de esfuerzo persistente, de la actitud de la gente que supone que pueden alcanzarse las alturas espirituales tumbados muellemente en confortables lechos o incluso en un baño caliente. Tales personas confunden lo que es meramente debilitamiento corporal con la meditación, y un simple vagar del pensamiento acerca de algún tema inútil y grato. De esta manera no se llega al reino de los cielos.

La verdadera meditación requiere un esfuerzo extenuante, no la sensación de felicidad derivada de un estado de semisomnolencia y lujuria corporal. El hombre que inicia la verdadera concentración de pensamiento no debe, al principio, excederse de cinco o diez minutos por vez, de lo contrario podría sobrecargar el cerebro. El intervalo puede alargarse muy gradualmente hasta los quince, veinte y treinta minutos.

La relajación

Como la meditación entraña un esfuerzo, el estudiante deberá recordar que el efecto natural de concentrar la mente es causar cierta tensión en los músculos del cuerpo. El hábito tan familiar de fruncir el ceño es la prueba de este automatismo corporal. Esta tensión de los músculos no sólo induce a una gran fatiga corporal, sino que actúa como un obstáculo a la afluencia de las fuerzas espirituales. Por consiguiente, el estudiante debe periódicamente, durante su meditación, y repetidamente durante su vida cotidiana, volver su atención hacia el cuerpo y, deliberadamente, "abandonarse" a la relajación. La gente de carácter fuerte e intenso a menudo halla dificultad en expresarse de palabra o por escrito, debido a la costumbre de imponerle al cerebro una presión súbita y excesiva. Tales individuos han de aprender a permitir que el cerebro acepte gradualmente esa carga, como diría un electricista. Un instante de relajación les ahuyentará esa dificultad. De igual manera, si un conferenciante sufre un vacío en su memoria o una laguna en la secuencia de las ideas que está exponiendo, o bien no halla la palabra adecuada en un momento dado, lo más prudente será adoptar un instante de absoluta relajación, en lugar de esforzarse por recordar, puesto que este esfuerzo sólo aumentaría la tensión impuesta al cerebro.

El estudiante también ha de recordar que la concentración no es un asunto de esfuerzo físico. Tan pronto como la mente tiene una idea, se concentra en ella. Es difícil expresar con palabras lo que, al fin y al cabo, debe ser experimentado para entenderlo; pero la concentración no es tanto cuestión de obligar a la mente a mantener fijo un pensamiento, como de seguir descansando en dicho pensamiento en perfecto sosiego e inmovilidad.

Además, el estudiante debe comprender, y aplicarlo en lo que vale según su propia experiencia interna, la idea de que el cuerpo mental, y no el cerebro, es el asiento del pensamiento, y que aunque en las fases iniciales el esfuerzo parezca concentrarse en la tarea de sosegar al cerebro, la concentración atañe realmente al cuerpo mental más que al cerebro físico.

La senda del servicio

El estudiante debe recordar siempre que en todo trabajo que emprenda, es de capital importancia un motivo recto, y que sólo huyendo de los motivos egoístas, y teniendo el objetivo sincero de beneficiar a la humanidad podrá llegar a los Maestros. De todos modos, el estudiante no necesita poseer un intenso amor a la humanidad, de modo masivo al principio, ni en las primeras etapas; puede, en cambio, suponer que es suficiente con intentar actuar sin egoísmos respecto a los de su inmediata circunscripción, ya que si persevera en ello, de forma inevitable aumentará su sensibilidad ante los sufrimientos de la humanidad en su aspecto colectivo.

Sin embargo, bueno será que aquel que está despertando a algún entendimiento de la vida espiritual, comprenda que la meditación y el servicio se complementan entre sí, y que los mejores resultados se acrecentaran cuando se combinen estrechamente. No formamos parte de la Sociedad Teosófica por lo que podemos sacar de ella; somos miembros de la misma porque las enseñanzas de la Sabiduría Eterna se han hundido profundamente en nuestro corazón y moldean nuevamente nuestra vida. La marca del hombre espiritual es darse a los demás y no pedir para sí, sólo en esto escriba la verdadera felicidad. Por tanto, nuestra actitud hacia la Sociedad debe contener una interrogación constante: "¿Qué puedo hacer para ayudar?"

El recién llegado a la Sociedad tiene varias oportunidades, y según su capacidad es juzgado por el uso que haga de las mismas. Los pequeños servicios bien prestados a menudo importan más que las tareas más ambiciosas fielmente llevadas a cabo. El estudiante que va progresando es el que realiza lealmente las cosas pequeñas, el afanoso por limpiar ventanas y encender el fuego en la sala de reuniones, el que emprende diversas labores de poca importancia pero muy útiles, y el que asiste puntualmente a las asambleas en las que ha prometido tomar parte.

Por esas sendas de servicio se abre el camino hacia los Maestros, puesto que el servicio prestado voluntariamente debe ser la consigna del aspirante, aprendiendo a olvidarse de sí mismo y de sus progresos, con el júbilo de cuidar de las necesidades ajenas. Debe buscar cada acto de servicio en el Nombre del Maestro; y así dejar que ascienda en perseverancia y constancia hasta el día en que vea al Maestro cara a cara, y desde lo más profundo del ser se ofrezca en alegre rendición a su Señor.

Pero no debe pensar que la relación entre Maestro y discípulo es de coacción ni que la individualidad del discípulo quede sumergida en la inmenso poder del Maestro. Al contrario, la influencia del Maestro no es una fuerza hipnótica sino una maravillosa iluminación desde dentro, irresistible por sentirse profundamente y en perfecto acuerdo con la mayor aspiración del discípulo, como es la autorrevelación de su carácter espiritual. El Maestro es, en plena medida, un canal de la Vida Divina, y lo que de él fluye torna activa la semilla de la divinidad en el interior del discípulo. Por eso, el estudiante que halla su inspiración en los estudios científicos puede hallar una analogía sugestiva en el fenómeno eléctrico de la inducción. Esto se debe a la identidad de caracteres en ambos, que la influencia del Maestro estimula hasta el grado más elevado en todas las cualidades más nobles y delicadas del discípulo. El amor del Maestro hacia su discípulo puede compararse a la luz del sol que abre el loto al fresco aire de la mañana, pudiendo afirmarse realmente que una sonrisa del Maestro provoca un estallido de afecto en el discípulo, que sólo puede lograrse mediante meses de meditación escolástica sobre la fuerza de la virtud del amor.

Que estas sugerencias sobre la meditación sirvan para el conocimiento de los Grandes Maestros y para servir a la humanidad en su nombre.

ACCEDANT IN NOBIS DOMINVS IGNEM
SVI AMORIS ET FLAMMAN
ÆTERNARÆ CHARITATIS

APENDICE

Cierta técnica, que puede tener algún valor, es acostumbrarse a una forma de meditación a fin de hallar una verdadera solución a los problemas personales. Esos problemas se presentan inevitablemente cuando el estudiante trata de penetrar en la vida interior, pues entonces nuevas tensiones se cargan sobre la personalidad, poniendo al descubierto faltas e imperfecciones tal vez hasta entonces disimuladas o inactivas.

En vez de negarse a que los pensamientos y los sentimientos de tales imperfecciones pasen a la mente consciente, bueno será permitirles deliberadamente que surjan a la superficie, donde podrán ser consideradas y, gradualmente, exploradas y descubiertas. Después, cuando se divise claramente su raíz, el individuo ya está en situación de cambiarlas. Esta técnica no es nueva puesto que se remonta al menos a los *Exercitia* de San Ignacio de Loyola, terminados en 1548, y que desde entonces han usado los jesuitas.

El estudiante debe tomar como tema de su meditación el problema que le perturba, disponiéndose deliberadamente a contemplarlo y examinarlo. A este efecto, cabe efectuar una afirmación preliminar: "Hago esto a la luz de la Verdad Espiritual, y con el propósito de cambiar un rasgo de mi personalidad que considero indeseable". Luego, recordará las circunstancias en que, tal vez, se encolerizó, asustó, o fue autoconsciente. Dejará que su mente vague libremente entorno al incidente, estudiando todo lo que hizo, dijo y sintió, las personas envueltas en el caso y sus reacciones propias hacia las mismas; considerará todo lo que *pudo* hacer o quizá *deseó* hacer pero no hizo por miedo a las consecuencias; o por temor a lo que podría suceder... y no sucedió... y así sucesivamente. Tal vez hallará que recuerda otras situaciones semejantes, incidentes de su niñez, incluso acontecimientos que a primera vista parecen no tener relación con el que ocupa principalmente su mente. Esos acontecimientos desconectados, al parecer, del principal, los anotará en su mente para una referencia posterior. Al cabo de cierto tiempo, el estudiante puede sentirse fatigado, por lo que regresará al punto inicial de la autodedicación, dando la meditación por finalizada. Más tarde, en otra ocasión propicia, puede volver a coger el hilo del mismo tema, penetrando esta vez más profundamente en la situación, como resultado de que en el intervalo su mente inconsciente habrá estado trabajando sobre el problema. Eventualmente, tras repetidos intentos, acabará por descubrir que se ha librado de su perturbación. Puede haber llegado a tener plena conciencia de como empezó todo, o no llegar a tal punto; esto no importa, pues lo que cuenta es no estar ya asustado, o colérico, o celoso... A veces, ni siquiera puede estar enterado de haber superado el problema, hasta que se presenten unas circunstancias que, tiempo atrás, habrían provocado en él la reacción habitual, pero que ahora le dejan indiferente.

Otra prueba de que este método es efectivo adviene cuando el individuo se da cuenta gradualmente de hallarse en un estado mental que tiende a conducirlo a una condición reactiva. Esto tiene el valor de aprender a relajarse ante tales circunstancias, en lugar de arrojarse de cabeza a luchar o a reaccionar violentamente contra las mismas o contra lo que las provoca, perturbándose su vida emocional. Es como usar la técnica del judo (que es un subproducto del budismo Zen), más que del boxeo, a fin de superar al "contrario" emocional. El estudiante descubrirá que, todavía y a menudo, es cogido por sorpresa, pero mediante una persistencia constante y el uso de un gran paciencia, en vez de obtener unos resultados espectaculares, irán aflojándosele gradualmente los lazos de sus peores hábitos.

Esto sucede, a medida que se convierte en observador de su conducta personal, como si la energía que hasta aquí causaba una reacción emocional, fuese ramificándose por otros canales mucho más útiles. Esta parece ser la manera correcta de llevar a cabo las instrucciones de Patanjali a los yoguis para que "construyan lo contrario" en sus caracteres. Esto tiene lugar cuando las fuerzas previamente centradas en torno a los deseos, las aversiones o las pasiones personales, quedan enfocadas en un nivel diferente y más elevado del ser, donde el hombre ya no se preocupa por afirmar o defender su pequeño y separado Yo.

Esta técnica a menudo resulta difícil, ingrata o humillante para el orgullo del estudiante. Pero representa un ataque directo a las dificultades personales y a los hábitos indeseables, y se puede asegurar su eficacia respecto a un real y profundo cambio en la personalidad del individuo. Esto, a su vez, hace más sencilla y dichosa la existencia, porque cuando cambia la vida interior, también el mundo exterior empieza a aparecer más amable, menos duro y la gente que uno encuentra es mucho más placentera.

LECTURAS RECOMENDADAS

Los libros siguientes pueden ser utilizados como continuación de este ensayo:

Meditation, its Practice and Results. Clara M. Codd.

Meditation, A Practical Study (with exercises). Adelaide Gardner

Concentration, A Practical Course (with a supplement on meditation). Ernest Wood.

An Introduction to Patanjali's Yoga. Clara M. Codd.

**Thougt Power, its Control and Culture*. Annie Besant.

Thougts for Aspirants. N. Sri Ram.

* Incluido a continuación.

EL PODER DEL PENSAMIENTO

por

Annie Besant

INTRODUCCION

El valor del conocimiento se pone a prueba por su poder de purificar y ennoblecer la vida, y todo estudiante ansioso desea aplicar su conocimiento teórico del estudio de la Teosofía a la evolución de su propio carácter y al auxilio de sus semejantes. Para tales estudiantes es para quienes se escribe la serie de artículos, de los cuales es éste el primero, con la esperanza de que una mejor compresión de su propia naturaleza intelectual les induzca a cultivar con determinación lo que haya de bueno en ella y extirpar lo que haya de malo.

La emoción que impulsa a llevar una noble vida, sólo se aprovecha a medias si la clara luz de la inteligencia no ilumina la senda de conducta; pues así como el ciego se sale del camino de la vida recta hasta que cae en el abismo del mal obrar. Verdaderamente, Aîdya es privación de conocimiento, el primer paso que lleva de la unidad a la separación: y sólo a medida que desaparece, disminuye la última, hasta que su completa desaparición devuelva la Paz Eterna.

El Yo como conocedor

Al estudiar la naturaleza del hombre, separamos al Hombre de los vehículos que utiliza, el Yo viviente, de las vestiduras con que está envuelto. El Yo es uno, por variados que sean sus modos de manifestación al funcionar a través y por medio de las diferentes clases de materia. Es, por supuesto, verdad que sólo existe Un Yo; que así como los rayos surgen del sol, los Yoes que constituyen los Hombres verdaderos no son sino rayos del Yo supremo, y cada Yo puede murmurar: "Yo soy El". Pero para nuestro objeto presente, considerando un solo rayo, podemos también afirmar su propia unidad inherente, aun cuando esté oculta bajo sus formas. La Conciencia es una unidad, y las divisiones que hacemos en ella, o son hechas con propósito de estudio, o son ilusiones debidas a las limitaciones de nuestro poder de percepción a causa de los órganos por cuyo medio funcionan en los mundos inferiores. El hecho de que las actividades del Yo proceden separadamente de sus tres aspectos de querer, sentir y conocer, no debe cegarnos respecto del otro hecho de que no existe separación de sustancia; todo el Yo quiere, todo el Yo conoce. Ni tampoco las funciones son totalmente separadas; cuando quiere también siente y conoce, cuando siente también quiere y conoce, cuándo conoce también quiere y siente. Una función es siempre predominante y algunas veces hasta tal punto, que vela por completo a las otras; pero hasta en la concentración más intensa del conocedor –la más separada de las tres funciones– siempre hay un sentimiento y un querer latente; discernibles como presentes por un análisis atento.

No es fácil esclarecer el concepto fundamental del Yo más que lo hace su mero nombre. El Yo es ese Uno consciente, sintiente y siempre existente, que en cada cual de nosotros se reconoce como un ser. Ningún hombre puede pensar de sí mismo como no existente, o formularse, a sí mismo como "Yo no soy". Según lo expresa Bhagaván Dâs; "El Yo es la primera base indispensable de la vida..." Según las palabras de Vâshaspati-Mishra, en su Comentario (el *Bhâmati*) sobre el *Sharrîraka Bashya* de Sankaracharya: "Nadie duda, ¿Yo soy? o ¿No soy yo? La afirmación de Sí mismo "Yo soy", se presenta antes que ninguna otra cosa, se halla por encima y fuera de todo argumento. Ninguna prueba puede darle más fuerza: ninguna refutación puede debilitarlo. Tanto la prueba como la refutación se encuentran ellas mismas en "Yo soy".

Cuando observamos a este "Yo soy", vemos que se expresa de tres modos diferentes: *a*) lanzando energía la VOLUNTAD, a la cual la acción es inherente; *b*) la respuesta interna por el placer o por el dolor al choque externo, el SENTIMIENTO, la raíz de lo emoción; *c*) la reflexión interna de un No Yo, el CONOCIMIENTO, la raíz del pensamiento, "Yo quiero" , "Yo siento", "Yo sé": estas son las tres afirmaciones del Yo indivisible, del "Yo soy". Todas las actividades pueden clasificarse bajo uno u otro de estos títulos; el Yo sólo se manifiesta en nuestro mundo de estos tres modos; así como todos los colores arrancan de los tres primarios, así las innumerables actividades del Yo arrancan todas de la Voluntad, del Sentir y del Conocer.

El Yo como el que quiere, el Yo como el que siente, el Yo como el que conoce: él es el Uno en la Eternidad y también la raíz de la individualidad en el Tiempo y el Espacio. El Yo en su tercer aspecto, el Yo como Conocedor, es el que vamos a estudiar.

El No-Yo como lo cognoscible

El Yo, cuya "naturaleza es conocimiento", ve reflejadas en sí mismo un gran número de formas, y aprende por experiencia que no puede querer, sentir, ni conocer en y por medio de ellas. Descubre que estas formas no se sujetan a su dominio como lo está la primera forma de que tuvo conciencia, y la cual aprende (erróneamente) a identificar consigo mismo. El quiere, y en ellas no percibe movimiento alguno respondiente; él siente, y no muestran signo alguno; él conoce, y no comparten el conocimiento. El no puede decir *en ellas*: "Yo quiero", "yo siento", "yo conozco"; y finalmente las reconoce como otros yoes en las formas minerales; vegetales, animales, humanas y sobrehumanas, y las generaliza a todas bajo un término comprensible, el No-Yo, aquello en que él, como yo separado, no está, en que él no quiere, ni siente, ni conoce. Durante largo tiempo contestará de este modo a la pregunta:

–¿Qué es el No-Yo?

–Todo aquello en que no quiero, ni siento, ni conozco.

Y aunque, verdaderamente, haga un análisis final, encontrará que también sus vehículos, excepto la película más sutil, que hace de él *un* Yo, son partes del No-Yo, son objetos de conocimiento, son lo Cognoscible, no el Conocedor, y para todo objeto práctico su contestación es exacta.

El Conocedor

A fin de que el Yo puede ser el Conocedor y el No-Yo lo Cognoscible, hay que establecer entre ellos una relación definida. El No-Yo tiene que afectar al Yo, y el Yo a su vez tiene que afectar al No-Yo. Entre los dos debe haber un cambio de relación. El Conocedor es una relación entre el Yo y el No-Yo, y la naturaleza de esta relación deber ser lo primero que tratemos; pero conviene comprender antes con claridad el hecho de que el conocer es *una relación.* Implica dualidad, la conciencia de un Yo y el reconocimiento de un No-Yo, y la presencia de los dos en contraposición uno de otro es necesaria para el conocimiento.

El Conocedor, lo Cognoscible, el Conocer, éstos son los tres en uno que deben ser comprendidos si el poder del pensamiento ha de dirigirse a su debido objetivo, el auxilio del mundo. Con arreglo a la terminología occidental, la Mente es el Sujeto que conoce; el Objeto es lo cognoscible; la relación entre los dos es conocimiento. Debemos comprender la naturaleza del Conocedor, la naturaleza de lo Cognoscible y la naturaleza de la relación establecida entre ambos y cómo se origina tal relación. Una vez esto comprendido, habremos, en verdad, dado un paso hacia este conocimiento de sí mismo, que esa sabiduría. Entonces, verdaderamente, podremos ayudar al mundo que nos rodea, convirtiéndonos en sus auxiliares y salvadores; pues éste es el verdadero fin de la sabiduría, que habiendo prendido fuego por el amor, puede sacar al mundo de la desgracia, dándole el conocimiento en el cual cesa para siempre todo dolor. Tal es el objeto de nuestro estudio; pues con verdad se dice en los libros de esa nación que posee la psicología más antigua, y sin embargo, la más profunda y sutil, que objeto de la filosofía es poner fin al dolor. Para esto el Conocedor piensa, para esto se busca constantemente el conocimiento. Hacer cesar el dolor es la razón final de la filosofía, y no es verdadera sabiduría la que no conduce a encontrar la PAZ.

Capitulo I

LA NATURALEZA DEL PENSAMIENTO

La naturaleza del pensamiento puede estudiarse desde dos puntos de vista; desde el lado de la conciencia, la cual es conocimiento, o desde el lado de la forma, por cuyo medio se obtiene el conocimiento, y cuya susceptibilidad a las modificaciones hace posible el alcance de éste.

En filosofía hay dos extremos que debemos evitar, porque cada uno de ellos ignora un lado de la vida manifestada. Uno considera todo como conciencia, ignorando la esencialidad de la forma para condicionar la conciencia, para hacerla posible. El otro considera todo como forma, ignorando el hecho de que la forma sólo puede existir en virtud de la vida que la anima. La forma y la vida, la materia y el espíritu, el vehículo y la conciencia, son inseparables en la manifestación y son los aspectos indivisibles de AQUELLO a lo cual son inherentes, AQUELLO que no es la conciencia ni su vehículo, sino la raíz de ambos. Una filosofía que trate de explicarlo todo por medio de la forma, ignorando la vida, encontrará problemas que le será imposible resolver. Una filosofía que trate de explicarlo todo por medio de la vida ignorando las formas, se encontrará con muros espesos que no podrá franquear. La última palabra en esto es que la conciencia y sus vehículos, vida y forma, materia y espíritu, son las expresiones temporales de los dos aspectos de la Existencia no condicionada, la cual no es conocida sino excepto cuando se manifiesta como la Raíz del Espíritu (llamada por los indios Pratyagâtman), el Ser abstracto, el Logos abstracto de donde provienen todos los yo individuales, y la Raíz de la materia (Mûlaprakriti) de donde provienen todas las formas. Siempre que tiene lugar la manifestación, la Raíz del espíritu da nacimiento a una triple conciencia y la Raíz de la materia a una triple materia; bajo éstas está la Realidad Una por siempre incognoscible por la conciencia condicionada. La flor jamás ve la raíz de donde crece, por más que su vida toda sale de ella y que sin ella no podría existir.

El Yo como Conocedor tiene como función característica el reflejo dentro de sí mismo del No-Yo. Así como una placa sensible recibe los rayos reflejados de los objetos, y estos rayos causan modificaciones en la materia sobre la que caen, de suerte que puedan obtener imágenes de los objetos, así sucede con el Yo en su aspecto del conocimiento, con referencia a todo lo externo. Su vehículo es una esfera en donde el Yo recibe del No-Yo los rayos reflejados del Yo Uno, haciendo aparecer dentro de él imágenes que son las reflexiones de aquello que no es él mismo. El Conocedor no conoce las cosas mismas en las primeras etapas de su conciencia. Sólo conoce las imágenes producidas dentro de él por la acción del No-Yo en su ser respondiente, las fotografías del mundo externo. De aquí que la mente, vehículo del Yo como Conocedor, haya sido comparada a un espejo en el cual se ven las imágenes de los objetos colocados ante él. Nosotros no conocemos las cosas mismas, sino sólo el efecto que ellas producen en nuestra conciencia; no los objetos, sino las imágenes de los objetos, es lo que vemos en la mente. Lo mismo sucede con el espejo; parece que tiene los objetos dentro de él; pero esos objetos aparentes son sólo imágenes, ilusiones causadas por la mente: en su conocimiento del universo externo sólo conoce las imágenes ilusorias y no las cosas en sí mismas.

Pero, pudiera preguntarse: "¿sucederá lo mismo siempre? ¿no conoceremos nunca las cosas en sí mismas?" Esto nos conduce a la distinción vital entre la conciencia y la materia en que la ciencia funciona, y por su medio podremos encontrar una respuesta a esa pregunta natural de la mente humana. Cuando la conciencia, al cabo de una larga evolución, ha desarrollado el poder de reproducción dentro de sí misma, todo lo que existe fuera, entonces la envoltura de materia, en la cual ha estado funcionando, se desprende, y la conciencia, que es conocimiento, identifica su Yo con todos los demás Yoes en medio de los cuales ha estado desenvolviéndose, y ve como No-Yo sólo la materia relacionada igualmente con todos los Yoes por separado. Este es el "Día sed con nosotros", la unión que constituye el triunfo de la evolución, cuando la conciencia se conoce a sí misma y a las demás, y conoce a las demás como siendo ella misma. Por identidad de naturaleza se alcanza el conocimiento perfecto, y el Yo realiza ese estado maravilloso en donde la identidad no perece y la memoria no se pierde, pero donde termina la separación y donde el conocedor y el conocimiento se convierten en uno.

Esta maravillosa naturaleza del Yo, que se desenvuelve actualmente en nosotros por medio del conocimiento, es lo que tenemos que estudiar a fin de comprender la naturaleza del pensamiento; y es necesario ver claramente el lado ilusorio a fin de que podamos utilizar la ilusión para trascenderla. Así, pues, estudiaremos ahora como el Conocer –la relación entre el Conocedor y lo Cognoscible– se establece, y esto nos conducirá a percibir más claramente la naturaleza del pensamiento.

Hay una palabra, vibración, que cada día que pasa se convierte más y más en la nota fundamental de la Ciencia de Occidente, así como desde hace largo tiempo lo ha sido de la de Oriente. El movimiento es la raíz de todo. La vida es movimiento; la conciencia es movimiento.

El movimiento, al efectuar la materia, es vibración. Pensemos en el Uno, en el Todo, como inmutable, sin movimiento, puesto que en el Uno el movimiento no puede existir. Sólo cuando hay diferenciación o partes, podemos pensar en el movimiento, por ser el movimiento cambio de lugar en la sucesión del tiempo. Cuando el Uno se convierte en los muchos, entonces surge el movimiento, y éste es vida y conciencia cuando es rítmico y regular y es muerte e inconsciencia cuando es irregular y carecer de ritmo. Porque la vida y la muerte son hermanas gemelas, igualmente nacidas del movimiento, el cual es manifestación.

El movimiento tiene que surgir cuando el Uno se convierte en los muchos, puesto que cuando lo omnipresente ocasiona las partículas separadas, el movimiento infinito tiene que representar la omnipresencia, o dicho de otro modo, tiene que ser su reflexión o imagen en la materia. La esencia de la materia es la separatividad, así como la del espíritu es la unidad, y cuando ambos surgen del Uno, como la nata de la leche, la reflexión de la omnipresencia de ese Uno en la multiplicidad de la materia es movimiento incesante e infinito, pues movimiento absoluto –la presencia de cada unidad en movimiento en todos los puntos del espacio en cada momento de tiempo– es idéntico al reposo, aunque reposo desde otro punto de vista, desde el de la materia, en lugar del punto de vista del Espíritu.

Este movimiento regular da a movimientos correspondientes, a vibraciones en la materia que lo envuelve, pues cada Jîvâtman o unidad separada de conciencia, está aislado por un revestimiento de materia, de todos los demás Jîvâtmas. Este revestimiento de materia, al vibrar, comunica sus vibraciones a la materia que lo rodea, la cual se convierte en el medio conductor de las vibraciones, y este medio comunica a su vez el impulso de la vibración a la materia que encierra otro Jîvâtman, haciendo vibrar esta unidad de conciencia del mismo modo que la primera. En esta serie de vibraciones –que principian en una conciencia, en el cuerpo que la encierra, que son comunicadas por este cuerpo al medio circundante, el cual las transmite a otro cuerpo y por éste segundo cuerpo a la conciencia que encierra– tenemos la cadena de vibraciones por cuyo medio el uno conoce al primero en sí mismo y experimenta así lo que él experimenta. Pero, sin embargo, con una diferencia, pues nuestro segundo Jîvâtman estaba ya en vibración, y su estado de movimiento, después de recibir el impulso del primero, no es una simple repetición de aquel impulso, sino una combinación de su propio movimiento original con el que se le ha impuesto desde fuera, y por tanto no es una reproducción perfecta: obtiénense semejanzas más y más aproximadas, pero la identidad siempre se nos escapa.

Esta secuencia de actos vibratorios se ve a menudo en la naturaleza. Una llama es un centro de actividad vibratoria en el éter, llamado por nosotros calor; estas vibraciones u ondas caloríferas conmueven al éter circundante en ondas similares, y sus partículas vibran bajo el impulso, y de este modo el hierro se calienta y se convierte a su vez en una fuente de calor. Así es como una serie de vibraciones pasa de uno a otro Jîvâtman y cómo todos los seres están relacionados por esta red de la conciencia.

Del mismo modo, también, en la naturaleza física señalamos diferentes grados de vibración con nombres distintos, llamando a una serie luz, a otra calor, a otra electricidad, a otra sonido; y así sucesivamente; sin embargo, todas son de la misma naturaleza; todas son modos de movimiento en el éter,[1] y sólo difieren en grados de velocidad correspondientes a diferencias de densidad en el éter. La Voluntad, el Sentimiento y el Pensamiento son de la primera naturaleza, y difieren en sus fenómenos sólo por la diferencia en su grado de velocidad respectiva y la sutileza relativa del medio. La diferencia específica del Pensamiento es que sus ondas forman imágenes– como sucede con las ondas luminosas aquí abajo–, y no deja de tener significado que la misma palabra "reflexión" se emplea igualmente en los resultados del movimiento de ondas del pensamiento y del de la luz. Hay una serie de vibraciones en una clase especial de materia y dentro de cierto grado de velocidad, a lo que damos el nombre de vibraciones del pensamiento. Estos nombres son definidores de ciertos hechos de la naturaleza. Hay cierta clase de éter puesto en vibración y sus vibraciones afectan nuestros ojos, y a este movimiento lo llamamos luz. Hay otro éter mucho más sutil cuyas vibraciones son percibidas, esto es, son contestadas por la mente, y a este movimiento lo llamamos pensamiento. Estamos rodeados de materia de diferentes densidades, y a los movimien-

1 El sonido es también, primordialmente, una vibración etérea.

tos que en ella se producen les damos el nombre según nos afectan, según son contestados por los diferentes órganos de nuestros cuerpos groseros o sutiles. Llamamos "luz" a ciertos movimientos que afectan los ojos; llamamos "pensamiento" ciertos movimientos que afectan otro órgano, la mente. El "ver" ocurre cuando la luz del éter ondula desde un objeto a nuestros ojos; el "pensar" ocurre cuando el éter del pensamiento se mueve en ondas desde un objeto a nuestra mente. El uno no es más ni menos misterioso que el otro.

Al tratar de la mente veremos que las modificaciones en la disposición de sus componentes son causadas por el contacto de ondas del pensamiento, y que en el pensar concreto experimentamos nuevamente los choques originales de afuera. El conoce dor tiene su actividad en estas vibraciones, y todo aquello que ellas pueden contestar o todo lo que ellas pueden reproducirse, es conocimiento. El pensamiento es una reproducción dentro de la mente del Conocedor, de aquello que no es el Conocedor, que no es el Yo; es una pintura causada por una combinación de movimientos de ondas, literalmente una imagen. Una parte del No-Yo vibra, y al vibrar en contestación al Conocedor, esta parte se convierte en lo cognoscible; la materia que vibra entre ellos hace posible el conocer poniéndolos en mutuo contacto. De este modo se establece y mantiene la cadena del conocedor, lo cognoscible y el conocer.

Capítulo II

EL CREADOR DE LA ILUSION

Una vez que ha llegado a permanecer indiferente a los objetos de percepción, el discípulo debe buscar el Râ â de los Sentidos, el Productor del Pensamiento, aquel que la ilusión despierta.

"La Mente es el gran destructor de lo Real."

Así ha escrito en uno de los fragmentos[1] traducidos por H. P. B. del *Libro de los preceptos de Oro,* ese exquisito poema en prosa que es una de sus más selectas dádivas al mundo. Y no hay título más significativo para la mente que éste: el "Creador de la Ilusión".

La mente no es el Conocedor, y debe siempre distinguirse cuidadosamente de éste. Muchas de las confusiones y dificultades que llenan de perplejidad al estudiante, se originan de que no recuerda la distinción entre el que conoce y la mente, la cual es un instrumento para obtener el conocimiento. Es como si el escultor estuviese perfectamente identificado con su cincel.

La mente es fundamentalmente dual y material, estando constituida por el Cuerpo Causal y Manas, la Mente abstracta,

1 Los citados fragmentos son los que están contenidos en la obra *La voz del Silencio*.

y por el Cuerpo Mental y Manas, la mente concreta –Manas mismo siendo una reflexión en la materia atómica de aquel aspecto del Yo que es conocimiento–. Esta mente limita el Jivâtman, el cual, a medida que aumenta la propia conciencia, se encuentra impedido por ella por todos lados. Así como un hombre que, para ejecutar determinada cosa se ponga unos guantes gruesos, encuentra que sus manos han perdido mucha parte de su poder de sensación, su delicadeza de tacto, su habilidad para recoger objetos pequeños, siendo sólo capaces de agarrar objetos grandes y de sentir fuertes contactos, así sucede con el Conocedor cuando se reviste de la mente. La mano está allí lo mismo que el guante, pero sus facultades han menguado grandemente en el Conocedor, está allí lo mismo que la mente, pero sus poderes se hallan muy limitados en su expresión.

Limitaremos el término de manas en los párrafos que siguen, a la mente concreta: el cuerpo mental y manas.

La mente es el resultado del pensar pasado, y se modifica constantemente por el pensar presente; es una cosa precisa y definida, con ciertos poderes e incapacidades, fuerza y debilidad, que son las resultantes de actividades en vidas anteriores. Es tal como la hemos hecho; no podemos variarla sino lentamente; no podemos trascenderla por un esfuerzo de voluntad; no podemos hacerla a un lado, ni quitarle instantáneamente sus imperfecciones. Tal como es, nos pertenece; es una parte del No-Yo apropiada y moldeada para nuestro propio uso, y sólo por medio de ella podemos conocer.

Todos los resultados de nuestro pensar pasado están presentes en nosotros como mente, y cada mente tiene su grado propio de vibración, su esfera propia de vibración, y se halla en estado de perpetuo movimiento, ofreciendo series de imágenes siempre cambiantes. Todas las impresiones que nos vienen de fuera son hechas en esta esfera ya activa, y la masa de las vibraciones existentes modifica y es modificada por la nueva recepción. La resultante no es, por tanto, una reproducción exacta de la nueva vibración, sino una combinación de ésta con las vibraciones que ya están actuando. Tomando otro ejemplo de la luz, diremos que si ponemos un trozo de cristal ante nuestros ojos y miramos objetos verdes, éstos nos aparecerán como negros. Las vibraciones que nos dan la sensación de lo encarnado son cortadas por las que nos dan la sensación de lo verde, y el ojo se engaña viendo un objeto como negro. Lo mismo sucede si miramos un objeto azul a través de un cristal amarillo: lo vemos como negro; en cada caso un medio de color causará una impresión de color diferente de la del objeto mirado con los ojos al desnudo. Aun mirando las cosas con el ojo desnudo, se ven algún tanto distintas, pues el ojo mismo modifica las vibraciones que recibe más de lo que la gente se imagina. La influencia de la mente, como medio por cuyo conducto el Conocedor mira al mundo externo, es muy semejante a la del cristal de color con relación a los colores de los objetos que se ven a través de él. El Conocedor se halla tan inconsciente de esta influencia de la mente, como un hombre que jamás hubiese visto sino por medio de cristales encarnados o amarillos, lo estaría de los cambios que tales cristales verificarían en los colores de un paisaje. En este sentido, tan claro como superficial, es como se llama a la mente el "Creador de la Ilusión". Nos presenta sólo imágenes desnaturalizadas, una combinación de sí misma con los objetos externos. En este sentido mucho más profundo es, verdaderamente, el "Creador de la Ilusión", por cuanto hasta estas imágenes desnaturalizadas no son sino imágenes de apariencias, no de realidades; sombras de sombras es todo lo que nos presenta. Pero a nuestro objeto presente nos basta considerar las ilusiones causadas por su propia naturaleza.

Muy diferentes serían nuestras ideas del mundo si pudiéramos conocerlo tal como es, aun en su aspecto fenomenal, en lugar de por medio de las vibraciones modificadas por la mente. Y esto no es en modo alguno imposible, aunque sólo puede hacerse por aquellos que han hecho grandes progresos en el dominio de la mente. Las vibraciones de la mente pueden paralizarse retirando la conciencia de ella; un choque de afuera formará entonces una imagen que corresponderá exactamente a ella misma, porque las vibraciones serán idénticas en cualidad y cantidad, sin mezcla con lás vibraciones pertenecientes al observador. O bien la Conciencia puede exteriorizarse y animar como alma el objeto observado y experimentar así directamente sus vibraciones. En ambos casos se tiene un verdadero conocimiento de la forma. También puede conocerse la idea, en el mundo de los nóumenos, de la cual la forma expresa el aspecto fenomenal; pero esto sólo puede hacerse por la conciencia funcionando en el cuerpo Causal, el Kârama Shaira, sin los impedimentos de la mente concreta de los vehículos inferiores.

La verdad de que sólo conocemos nuestras impresiones de las cosas y no las cosas mismas, excepto como se ha explicado antes, es de vital interés cuando se aplica en la vida práctica. Enseña la humildad y la precaución, así como el deseo de prestar atención a las ideas nuevas. Perdemos nuestra certeza instintiva, de que tenemos razón en nuestras observaciones, y aprendemos a analizarnos antes de decidirnos a condenar a otros.

Un ejemplo puede servir para hacer esto más claro:

Encuentro una persona cuya actividad vibratoria se expresa

de un modo complementario al mío. Cuando nos encontramos nos extinguimos mutuamente; de aquí que no nos agrademos el uno al otro, no vemos nada el uno en el otro y cada uno se sorprende de que fulano crea al otro tan inteligente cuando mutuamente nos encontramos tan estúpidos. Ahora bien: si yo he adquirido algún conocimiento de mí mismo, esta sorpresa ya no tendrá lugar en lo que a mí concierne. En lugar de creer que el otro es estúpido, me preguntaré: ¿Qué es lo que falta en mí que no puedo responder a sus vibraciones? Ambos vibramos, y si yo no puedo comprender su vida y pensamiento, es porque no puedo reproducir sus vibraciones. ¿Por qué habría yo de juzgarle desde el momento en que ni siquiera puedo conocerle hasta que me modifique lo bastante para poder recibirle? Nosotros no podemos modificar mucho a los demás, pero podemos modificarnos mucho a nosotros mismos: y deberíamos estar constantemente tratando de llegar a ser como la luz blanca, en la que todos los colores están presentes, que no desnaturaliza ninguno porque no rechaza ninguno, y tiene en sí misma el poder de responder a todos. Podemos medir nuestra proximidad a la blancura por nuestro poder de responder a los caracteres más diversos.

El cuerpo mental y el Manas

Podemos ocuparnos ahora de la composición de la mente como órgano de la Conciencia en su aspecto de Conocedor, y ver cómo es esta composición, cómo hemos formado la mente en el pasado y cómo la podemos modificar en el presente.

La mente, por el lado de la vida, es manas, y manas es la

reflexión en la materia atómica del tercer plano –o plano mental– del aspecto cognoscitivo del Yo, del Yo como Conocedor.

Por el lado de la forma, presenta dos aspectos que condicionan separadamente la actividad de manas: la conciencia que funciona en el plano mental. Estos aspectos son debidos a las agregaciones de la materia del plano atraída alrededor del centro atómico vibratorio. A esta materia, por su naturaleza y uso, le damos el nombre de sustancia mental o sustancia de pensamiento. Constituye una gran región del universo, que compenetra la materia astral y la física y existe en siete subdivisiones, como sucede con los estados de materia en el plano físico; sólo responde a aquellas vibraciones que vienen del aspecto del Yo, que es el Conocimiento, y este peculiar aspecto le impone su carácter específico.

El primer –y más elevado– aspecto de la mente del lado de la forma, es el que se llama el cuerpo Causal o Kârana Shaira. Se compone de materia de la quinta y sexta subdivisión del plano mental, correspondientes a los éteres más sutiles del plano físico. Este cuerpo Causal está muy poco desarrollado en la mayor parte de la humanidad en el estado presente de evolución, por no ser afectado por las actividades mentales dirigidas casi sólo a los objetos externos, por tanto, podemos dejarlo a un lado, a lo menos por ahora. Es, en una palabra, el órgano para el pensamiento abstracto.

El segundo aspecto es llamado cuerpo mental y se compone de materia de pensamiento perteneciente a las cuatro subdivisiones inferiores del plano mental, correspondientes a los éteres inferiores y a los estados gaseosos, líquido y sólido de la materia en el plano físico. Verdaderamente pudiera llamársele el cuerpo mental denso. Los cuerpos mentales muestran siete grandes tipos fundamentales, cada uno de los cuales incluye las formas en todos sus grados de desarrollo, y todos evolucionan y se desenvuelven bajo las mismas leyes. El comprender y aplicar estas leyes es cambiar la evolución lenta de la naturaleza en el rápido crecimiento efectuado por la inteligencia que se determina. De aquí la gran importancia de su estudio.

La construcción y evolución del cuerpo mental

El método por el cual la conciencia construye su vehículo, es el de aquellos que deben comprenderse con toda claridad, porque cada día y hora de nuestra vida nos presenta oportunidades para aplicarlo a fines elevados. Despiertos y durmiendo estamos edificando nuestros cuerpos mentales; pues cuando la conciencia vibra, afecta la sustancia mental que la rodea, y cada vibración de la conciencia, aunque sólo sea debida a un pensamiento fugaz, atrae el cuerpo mental algunas partículas de materia mental, al paso que expele otras. La materia circundante también ondula, sirviendo así de medio para afectar otras conciencias.

Ahora bien, lo delicado o lo grosero de la materia que de este modo es apropiada depende de la calidad de las vibraciones que la conciencia pone en acción. Pensamientos puros y elevados están compuestos de vibraciones rápidas, y sólo pueden afectar los grados sutiles de la materia mental. Los grados groseros permanecen insensibles porque no pueden vibrar con la rapidez necesaria. Cuando un pensamiento así hace vibrar al cuerpo mental, expélense de éste partículas de la materia más grosera, las cuales son reemplazadas por las partículas de grados más sutiles; y de este modo se forman mejores materiales en el cuerpo mental. De igual manera, los pensamientos bajos y malos atraen dentro del cuerpo mental los materiales más groseros, propios para su expresión, y estos materiales repelen y echan fuera las clases más finas.

De esta manera las vibraciones de la conciencia están expeliendo una clase de materia y atrayendo otra. Y de esto se deduce, como consecuencia necesaria, que con arreglo a la clase de materia que hayamos construido en nuestros cuerpos mentales en el pasado, así será nuestra facultad para responder a los pensamientos que ahora nos llegan de afuera. Si nuestros cuerpos mentales están compuestos de materia sutil, los pensamientos groseros y malos no tendrán respuesta y, por lo tanto, no pueden causarnos daño alguno; al paso que si están formados de materiales groseros serán afectados por cada pasajero pensamiento malo, permaneciendo insensibles a los buenos, de los que no recibe beneficio alguno.

Cuando nos ponemos en contacto con alguien cuyos pensamientos son elevados, sus vibraciones mentales, actuando en nosotros, despiertan vibraciones en aquella materia de nuestros cuerpos mentales que sea capaz de responder y estas vibraciones perturban y hasta expelen alguna de aquellas materias demasiado groseras para vibrar a ese alto grado de actividad. El beneficio, pues, que de él recibimos, depende en gran modo de nuestro propio pensar anterior, y nuestra "comprensión" de él, nuestra facultad de responder, está condicionada por nuestros cuerpos mentales. No podemos pensar el uno por el otro; él no puede pensar sino por sus propios pensamientos, causando así las vibraciones correspondientes en la materia mental circundante, la cual actúa en nosotros despertando en nuestros cuerpos mentales vibraciones simpáticas. Estas afectan la conciencia. El pensador externo sólo puede afectar nuestra conciencia despertando estas vibraciones en el cuerpo mental.

Pero no siempre sigue una comprensión inmediata a la producción de tales vibraciones causadas desde afuera. Algunas veces el efecto se asemeja al del sol, la lluvia y la tierra sobre la semilla enterrada en el suelo. En un principio no hay contestación visible a las vibraciones que actúan sobre las semillas; pero allí dentro hay un pequeñisimo estremecimiento de la vida que la anima, y este estremecimiento se hará más fuerte cada día, hasta que la vida en evolución rompe la corteza de la semilla y echa pequeñas raices y brotes luego que se desarrolla. Así sucede con la mente. La conciencia vibra débilmente dentro de sí misma antes de poder dar una contestación externa a los choques que recibe, y cuando no somos aún capaces de comprender a un noble pensador, hay sin embargo dentro de nosotros una vibración inconsciente que es el predecesor de la respuesta consciente. Cuando nos alejamos de una gran presencia, nos encontramos un poco más próximos a la elevada vida pensante que de él fluye, que lo que lo estábamos anteriormente, y en nosotros se habrá apresurado el desarrollo de gérmenes de pensamiento, al paso que nuestras mentes habrán sido auxiliadas en su evolución. Así, pues, algo puede hacerse desde afuera que contribuya a la formación y evolución de nuestras mentes; pero la mayor parte tiene que provenir de las actividades de nuestra propia conciencia; y si queremos tener cuerpos mentales fuertes, bien vitalizados, activos, que puedan comprender los pensamientos más elevados que se nos presenten, debemos entonces trabajar con firmeza en pensar bien, pues somos nuestros propios constructores y moldeamos nuestras propias mentes.

Muchas personas son grandes lectores. Ahora bien, la lectura no forma la mente, sólo la construye el pensamiento. La lectura sólo es valiosa en el sentido de que proporciona material para pensar. Un hombre puede leer mucho, pero su desarrollo mental estará en proporción de la cantidad de pensamiento que emplea en la lectura. El valor para él del pensamiento que lee depende del uso que hace de éste. A menos que no coja el pensamiento y trabaje en él, su valor será para él insignificante y pasajero. "La lectura completa al hombre", dijo Lord Byron, y con la mente sucede lo que con el cuerpo. El comer llena el estómago; pero así como el alimento es inútil para el cuerpo puede llenarse con la lectura; pero a menos de que haya pensamiento, no hay asimilación de lo que se lee, y la mente no se desarrolla con ello; pero aún es posible que sufra por estar sobrecargada, y que más bien se debilite que fortalezca bajo el peso de ideas no asimiladas.

Debemos leer menos y pensar más si queremos que nuestras mentes crezcan y que nuestra inteligencia se desarrolle. Si tenemos verdadero interés en cultivar nuestras mentes deberemos emplear a diario una hora en el estudio de un libro serio y trascendental, y por cada cinco minutos de lectura pensar diez, y así durante toda la hora. El modo usual es leer rápidamente durante todo el tiempo, y luego poner el libro a un lado hasta que llega otra vez la hora de lectura. De aquí que la gente desarrolle poco el poder del pensamiento.

Una de las cosas más marcadas en el movimiento teosófico es el desarrollo mental que se observa año tras año en sus individuos. Esto se debe en gran parte al hecho de que se les enseña la naturaleza del pensamiento, principian a comprender un poco sus funciones y se dedican a construir sus cuerpos mentales en lugar de dejarlos que se desarrollen por el proceso natural no ayudado. El estudiante ansioso de crecimiento debe determinarse a no dejar pasar un solo día en el cual no lea por lo menos cinco minutos y dedique diez a pensar con todo interés en lo que ha leído. Al principio encontrará el esfuerzo pesado y trabajoso, y descubrirá la debilidad de su poder pensante. Este descubrimiento señala su primer paso, pues es mucho descubrir la propia impotencia para pensar consecutivamente y con ahinco. Las personas que no pueden pensar, pues es mucho descubrir la propia impotencia para pensar consecutivamente y con ahinco. Las personas que no pueden pensar, pero que se imaginan que pueden, no hacen grandes progresos. Es mejor conocer la propia debilidad que imaginarse ser fuerte cuando se es débil. Gradualmente el poder del pensamiento crece, se llega a dominar y a poderlo dirigir a fines definidos. Sin este pensar, el cuerpo mental seguirá formado con flojedad y sin organizar; y mientras no se adquiera concentración –la facultad de fijar el pensamiento en un punto definido– el poder del pensamiento no se ejercitará nada.

Capítulo III

TRANSMISION DEL PENSAMIENTO

Todo el mundo, hoy en día, quisiera practicar la transmisión del pensamiento, y sueña con el placer de comunicarse con algún amigo ausente, sin ayuda del telégrafo o del correo. Muchos creen que pueden verificarlo con poco esfuerzo, y se sorprenden extraordinariamente cuando fracasan en absoluto en sus intentos. Sin embargo, es cosa clara que es necesario poder pensar antes de poder transferir el pensamiento, y que hay que poseer algún poder de pensar con fijeza a fin de enviar una corriente de pensamiento a través del espacio. Los pensamientos débiles y vacilantes de la mayor parte de la gente sólo causan trémulas vibraciones en la atmósfera del pensamiento, por estar dotadas de la más íntima vitalidad, y aparecen y desaparecen a cada minuto sin construir formas definidas. Una forma de pensamiento tiene que ser claramente modelada y bien vitalizada para poderse enviar en cualquier dirección, y lo bastante fuerte para producir, al llegar a su destino, un duplicado de sí misma.

Hay dos métodos de transmisión de pensamiento: uno que pudiera distinguirse como físico y el otro psíquico; uno perteneciente al cerebro lo mismo que a la mente, y el otro sólo a esta última. Un pensamiento puede ser generado por la conciencia, causar vibraciones en el cuerpo mental, luego en el astral, hacer surgir ondas en el etéreo y luego en las moléculas densas del cuerpo físico; estas vibraciones cerebrales afectan al éter físico cuyas ondas marchan hasta llegar a otro cerebro, en cuyas partes, densa y etérea, despiertan vibraciones. Este cerebro receptor causa vibraciones en el cuerpo astral, y luego en el mental con él ligado, y las vibraciones en el cuerpo mental despiertan el estremecimiento respondiendo en la conciencia. Tales son las muchas estaciones del arco que recorre un pensamiento, pero este recorrido del arco no es necesario. La conciencia puede, al causar vibraciones directamente al cuerpo mental, lanzar estas vibraciones directamente al cuerpo mental de la conciencia receptora, evitando así la vuelta que se ha descrito.

Veamos lo que sucede en el primer caso.

Hay en el cerebro un pequeño órgano, la glándula pineal, cuyas funciones son desconocidas de los psicólogos occidentales y del cual éstos no se ocupan. Es un órgano rudimentario en la mayor parte de la gente, pero que está evolucionando, no retrogradando, siendo posible apresurar su evolución hasta que llegue al estado en que pueda ejercer la función que le es propia, y la cual ejecutará en todos en el porvenir. Es el órgano para la transmisión del pensamiento, tanto como los ojos lo son de la visión y el oído de la audición.

Si alguien piensa intensamente en una sola idea, con concentración y atención sostenida, llegará a sentir un ligero estremecimiento o sensación de hormigueo en la glándula pineal. El estremecimiento tiene lugar en el éter que compenetra la glándula, y causa una ligera corriente magnética que origina la sensación de hormigueo en las moléculas densas de la glándula.

Si el pensamiento es bastante fuerte para causar la corriente, entonces el pensador sabe que ha conseguido que su pensamiento llegue a un punto de penetración y fuerza que lo hace capaz de ser transmitido.

La vibración del éter en la glándula pineal ocasiona ondas en el éter circundante semejantes a ondas de luz, sólo que mucho más pequeñas y rápidas. Estas ondas se transmiten en todas direcciones, poniendo el éter en movimiento, y estas ondas etéricas, a su vez, producen ondulaciones en el éter de la glándula pineal de otro cerebro, y de éste son transmitidas al cuerpo astral y al mental en sucesión regular, llegando de este modo a la conciencia. Si esta segunda glándula pineal no puede reproducir estas ondulaciones, entonces el pensamiento pasará desapercibido, sin hacer impresión, lo mismo que las ondas de la luz no impresionan el ojo de una persona ciega.

En el segundo método de transmisión del pensamiento, el pensador, después de crear una forma de pensamiento en su propio plano, no lo hace descender al cerebro, sino que lo dirige inmediatamente a otro pensador en el plano mental. La facultad de hacer esto de un modo deliberado, implica una evolución mental mucho más elevada que el método físico de transmisión; pues el emisor necesita tener conciencia propia en el plano mental, a fin de poder practicar a sabiendas este poder.

Pero tal poder se ejercita constantemente por todos nosotros de un modo indirecto e inconsciente, puesto que todos nuestros pensamientos causan vibraciones en el cuerpo mental, las cuales, dada la naturaleza de las cosas, tienen que propagarse al través de la sustancia mental circundante. Y no hay razón para limitar el término transmisión del pensamiento a la transmisión consciente y deliberada de un pensamiento particular de una persona a otra. Todos nos estamos afectando continuamente unos a otros por estas ondas del pensamiento, puestas en acción sin intención definida, y lo que se llama opinión pública es en gran modo creada de esta manera. La mayor parte de la gente piensa en determinado sentido, no porque hayan pensado cuidadosamente un asunto y llegado a una conclusión, sino porque un gran número de personas piensan así y arrastran a las demás. El pensamiento potente de un gran pensador pasa al mundo del pensamiento y es recogido por mentes receptivas y respondientes. Estas reproducen sus vibraciones, y de este modo fortalecen la oleada de pensamientos, afectando a otros que habían permanecido sin responder a las ondulaciones originales. Estas, contestando a su vez, aumentan aún más la fuerza de las ondas, las cuales, con esta mayor potencia, afectan grandes masas de gente.

La opinión pública, una vez formada, ejerce un gran dominio sobre las mentes de la gran mayoría, chocando incesantemente en todos los cerebros y despertando en ellos ondulaciones respondientes.

Hay también ciertos modos nacionales de pensar, canales indefinidos y profundos que resultan de la continua reproducción durante siglos de pensamientos semejantes, que provienen de la historia, las luchas y las costumbres de una nación. Estos canales modifican y dan colorido especial a todas las mentes nacidas en la nación, y todo lo que viene de afuera de la misma es cambiado por aquel grado de vibración nacional. Todos los pensamientos que nos llegan del mundo externo son modificados por nuestros cuerpos mentales, y cuando los recibimos percibimos sus vibraciones sumadas a nuestras propias vibraciones normales –una resultante–, y lo mismo sucede con las naciones que, al recibir impresiones de otros países, las reciben igualmente modificadas por su propio grado de vibración nacional. De aquí que los ingleses y franceses y los boers vean los mismos hechos, pero añaden a ellos sus propias preocupaciones, y con toda buena fe se acusen mutuamente de falsificar los hechos y de practicar una conducta impropia. Si esta verdad y su existencia inevitable fuesen reconocidas, muchas reyertas internacionales se suavizarían más fácilmente que lo que ahora sucede, muchas guerras se evitarían, y las que se entablan terminarían con más facilitad. Entonces cada nación reconocería lo que se llama a veces "la ecuación personal", y en lugar de censurar a la otra su diferencia de opinión, cada una buscaría el término medio de la contraria, sin insistir por completo en la suya propia.

La cuestión perfectamente práctica para el individuo que plantea este conocimiento de tal continua y general transmisión del pensamiento es: ¿Cuánto bueno puedo ganar y evitar de malo, viendo que tengo que vivir en una atmósfera mezclada, donde oleadas de pensamientos buenos y malos están en actividad y chocando contra mi cerebro? ¿Cómo preservarme contra las transmisiones de pensamientos dañosos y cómo aprovecharme de los beneficios? Es de vital importancia el conocimiento del modo cómo obra el poder de selección.

Cada hombre es la persona que más constantemente afecta su propio cuerpo mental. Otros lo afectan ocasionalmente; pero él lo hace siempre. El orador a quien oye, el autor cuya obra lee, afectan su cuerpo mental. Pero ellos son incidentes en su vida, al paso que él es factor principal. Su propia influencia en la composición del cuerpo mental es mucho más potente que la de cualquier otro, y él mismo fija el grado de vibración normal de su mente. Los pensamientos que armonizan con ese grado son rechazados cuando tocan la mente. Si un hombre piensa verdad, la mentira no se hace sitio en su mente; si piensa amor, el odio no puede turbarle; si piensa sabiduría, la ignorancia no puede paralizarle. Sólo en esto está la salvación, el poder verdadero. No debe permitirse que la mente permanezca como terreno labrado vacío, porque entonces cualquier semilla de pensamiento puede arraigar en él y desarrollarse; no debe permitirse que vibre como quiera, porque esto significa que responderá a cualquier vibración que pase.

En esto consiste la lección práctica. El hombre que la lleve a cabo encontrará pronto su valor y descubrirá que por el pensar la vida puede hacerse más noble y dichosa, y que es una verdad que por la sabiduría pondremos fin al dolor.

Los principios del pensamiento

Pocos, fuera del círculo de los estudiantes de psicología, se han preocupando gran cosa respecto de la cuestión de "cómo se origina el pensamiento". Cuando venimos al mundo nos encontramos en posesión de una gran masa de pensamiento ya formada, un gran acopio de lo que se llama "ideas innatas". Estos son conceptos que traemos con nosotros al mundo, son los resultados condensados o resumidos de nuestras experiencias en vidas anteriores a la presente. Con este acopio mental de que disponemos principiamos nuestras transacciones en esta vida, y el psicólogo nunca puede estudiar por la observación directa los principios del pensamiento.

Puede, sin embargo, aprender algo observando al niño; pues

asimismo como el nuevo cuerpo físico recorre en la vida prenatal la larga evolución física del pasado, así el nuevo cuerpo mental atraviesa rápidamente los grados de su largo desarrollo. Si se observa atentamente a un niño, se verá que las sensaciones –respuesta a los estímulos por sentimientos de placer o de dolor, y primitivamente por los últimos– preceden a toda señal de inteligencia. Antes del nacimiento, el niño fue sostenido por las fuerzas de vida que fluían a través del cuerpo de la madre. Al entrar en una existencia independiente, éstas son excluidas. La vida exhala del cuerpo y ya no se renueva; a medida que disminuyen las fuerzas vitales, siéntese la necesidad, y esta necesidad es dolor. La situación de tal necesidad procura quietud y placer, y el niño vuelve a caer en la inconciencia. Al poco tiempo la vista y el sonido despiertan sensaciones, pero todavía no se presenta ninguna señal de inteligencia. La primera que aparece es cuando la presencia o la vez de la madre o de la nodriza se relaciona con la satisfacción de la siempre recurrente necesidad, con el placer que proporciona el alimento; el enlace de un objeto externo con la sensación causada por el mismo, es la primera impresión de la inteligencia, el primer pensamiento, técnicamente una percepción. La esencia de esto es el establecimiento de una relación entre una conciencia, un Jîvâtma, y un objeto, y dondequiera que se establece esa relación, el pensamiento existe.

Este hecho sencillo y siempre comprobable, puede servir como un ejemplo general del principio del pensamiento en un Yo separado; en tal Yo separado, las sensaciones preceden a los pensamientos; la atención del Yo se despierta por la impresión que se hace en él y al que responde con un sentimiento. El sentimiento macizo de la necesidad, debido a la disminución de la energía vital, no despierta por sí mismo el pensamiento, pero esta necesidad es satisfecha por el contacto de la leche, que causa una impresión local definida, impresión seguida por un sentimiento de placer. Después de que esto se ha repetido muchas veces, el Yo se asoma al exterior, vagamente, a tientas; al exterior, a causa de la dirección de la impresión que ha venido de afuera. La energía de la vida fluye de este modo al cuerpo mental y lo vivifica, de suerte que refleja –en un principio débilmente– el objeto que, al ponerse en contacto con el cuerpo, ha causado la sensación. Esta modificación en el cuerpo mental, repetida una y otra vez, estimula al Yo en su aspecto de conocer y vibra en correspondencia. El ha sentido necesidad, contacto, placer y con el contacto una imagen se presenta, siendo afectada la vista lo mismo que los labios, dos impresiones de los sentidos que se mezclan. Su naturaleza propia inherente enlaza juntos los tres, la necesidad, la imagen contacto y el placer, y este enlace es pensamiento. Mientras que así no responda, no existe allí pensamiento alguno; el Yo es el que percibe, no ningún otro inferior.

Esta percepción particulariza el deseo, que cesa de ser un vago anhelo por algo, y se convierte en un deseo definido por una cosa especial: la leche. Para la percepción necesita revisión, pues el Conocedor ha asociado tres cosas, una de ellas tiene que ser separada: la necesidad. Es insignificativo que en una etapa primitiva la vista de la nodriza despierte la necesidad; es el conocedor despertando la necesidad cuando aparece la imagen con aquella asociada; el niño, que no tiene hambre, llorará por el pecho al ver a la madre, más tarde esta errónea relación se rompe y la nodriza es asociada con el placer como causa, y vista como el objeto del placer. El deseo hacia la madre se establece de este modo, y luego se convierte en otro estímulo del pensamiento.

Relación entre la sensación y el pensamiento

En muchos libros de psicología, tanto orientales como occidentales, se especifíca claramente que todo pensamiento tiene su raíz en la sensación, que hasta que se hayan acumulado un gran número de sensaciones, el pensar no puede existir. "La mente, tal cual la conocemos –dice H.P. Blavastky–, puede resolverse en estados de conciencia de variable duración, intensidad, complejidad, etc., fundándose todo, en último término, en la sensación."[1] Algunos escritores han ido aún más lejos, declarando que no sólo son las sensaciones el material con que se construyen los pensamientos, sino que los pensamientos son producidos por las sensaciones, negando de este modo al Pensador y al Conocedor. Otros, en el extremo opuesto, consideran al pensamiento como resultado de la actividad del pensador, iniciando desde el interior en lugar de recibir su primer impulso desde fuera, siendo las sensaciones los materiales sobre los cuales emplea su capacidad inherente específica propia, pero no una condición necesaria de su actividad.

Cada una de estas dos opiniones –que el pensamiento es puramente producido de las sensaciones, y que el pensamiento es tan sólo producto del conocedor– son en parte verdad; pero la verdad entera se encuentra entre los dos. Al paso que es necesario, para el despertamiento del conocedor, que las sensaciones obren sobre él desde fuera, y bien que el primer pensamiento se produce a consecuencia de impulsos del sentimiento, sirviendo las sensaciones como su antecedente natural; sin embargo, si no

1 *Doctrina Secreta,* tomo I.

hubiese una capacidad inherente para enlazar las cosas, si el Yo no fuese conocimiento en su propia naturaleza, las sensaciones podrían presentársele constantemente sin que se produjese nunca un solo pensamiento. Sólo es la mitad de la verdad que los pensamientos tengan sus principios en las sensaciones; tiene que existir el poder de organizarlas y de establecer entre unas y otras lazos de unión, relaciones, así como también entre ellas y el mundo externo. El Pensador es el padre, el Sentimiento la madre, el Pensamiento el hijo.

Si los pensamientos tienen su principio en las sensaciones y éstas son causadas por choques externos, entonces es de la mayor importancia que cuando las sensaciones surjan del Yo como consciente, la naturaleza y extensión de estas sensaciones sean exactamente observadas por el Yo como conocedor. La primera función del conocedor es observar; si no hubiese nada que observar, permanecería siempre dormido; pero cuando se le presenta un objeto, cuando como perceptor tiene conciencia de un choque, entonces como observador observa. De la exactitud de su poder de observar depende el pensamiento que tiene que formar de todas esas observaciones unidas. Si observa erróneamente, si entabla una relación equivocada entre el objeto que ocasionó el choque y él mismo, como observador del Choque, entonces a consecuencia de este error, sobrevendrán en su propia obra un número de errores subsiguientes que nada podrá enmendar sino retrocediendo al principio mismo.

Veamos ahora como funciona la sensación y la percepción en un caso especial. Supongamos que siento un choque en la mano: el contacto causa una sensación; el reconocimiento de lo que causó la sensación es un pensamiento. Cuando siento un contacto, percibo una sensación, y no hay necesidad de añadir nada en la que se refiere puramente a esta sensación; pero cuando el sentimiento pasó al objeto que lo causó, percibo el objeto y tal percepción es un pensamiento. Esta percepción significa que como conocedor reconozco una relación entre yo mismo y ese objeto, por cuanto ocasionó cierta sensación en mi Yo. Esto, sin embargo, no es todo lo que sucede, pues también experimento otras sensaciones de color, de suavidad, de calor, de contextura, etc.; éstas me son también transmitidas como conocedor, y ayudado por la memoria de impresiones semejantes recibidas otras veces –o sea comparando imágenes pasadas con la imagen del objeto que toca a mi mano–, decido respecto de la clase de objeto que la ha tocado.

Esta percepción de las cosas que nos hacen sentir, está el principio del pensamiento; poniendo esto en los términos metafísicos ordinarios, diremos: la percepción del No-Yo es el principio de la cognición. El sentimiento por sí solo no podría dar la conciencia del No-Yo; sólo habría en el Yo el sentimiento del placer o el dolor, una conciencia interna de expansión y contracción. No sería posible una evolución superior si el hombre no pudiese hacer más que sentir; pues sólo cuando reconoce los objetos como causas es cuando principia su educación humana. Del establecimiento de una relación consciente entre el Yo y el No-Yo depende toda la evolución futura, y esta evolución consistirá en gran parte en que estas relaciones sean más y más numerosas; más y más complicadas y más y más exactas de parte del conocedor. El conocedor principia su desenvolvimiento externo cuando la despertada conciencia, sintiendo placer o dolor, vuelve su mirada al mundo externo y dice: "Este objeto me causa placer; aquel otro me causa dolor".

Hay que experimentar un gran número de sensaciones antes de que el Yo conteste externamente a todo. Luego viene un tanteo torpe y confuso por el placer, debido a un deseo en el Yo sintiente de experimentar una repetición de aquél. Y éste es un buen ejemplo del hecho mencionado antes, de que no existe solamente el sentimiento ni puramente el pensamiento; pues el deseo por la repetición de un placer "implica que la imagen del placer permanece, por más débilmente que sea, en la conciencia, y esto es memoria y pertenece al pensamiento. Durante largo tiempo, el Yo medio vaga de una cosa a otra, chocando contra el No-Yo de un modo accidental, haciendo que la conciencia imprima una dirección determinada a estos movimientos, experimentado ya placer, ya dolor, sin percibir su causa. Sólo cuando esto se ha experimentado durante largo tiempo, es cuando es posible la percepción antes mencionada y el principio de la relación entre el conocedor y lo cognoscible.

Naturaleza de la memoria

Cuando se establece una relación entre el placer y un objeto determinado, surge el deseo definido de obtener de nuevo ese objeto y repetir el placer. El cuerpo mental, estimulado, repite prontamente la imagen del objeto; pues debido a la ley general la energía fluye en dirección de la resistencia menor, la materia del cuerpo mental se moldea muy fácilmente a la forma que con frecuencia se ha tomado ya; esta tendencia a repetir las vibraciones principales, cuando actúa en ellas la energía, es debida a

Tamas,[2] a la inercia de la materia, y es el germen de la Memoria. Las moléculas de la materia que se han agrupado, se separan lentamente al actuar en ellas otras energías, pero retienen durante un tiempo considerable la tendencia a asumir de nuevo su mutua relación; si reciben un impulso propio para agruparlos, inmediatamente vuelven a asumir su anterior posesión. Además, cuando el conocedor ha vibrado de un modo particular, *ese poder de vibración* permanece en él, y en el caso del objeto que ocasiona el placer, el deseo por el objeto pone en libertad ese poder, lo impulsa fuera, por decirlo así, proporcionando de este modo el estímulo necesario al cuerpo mental.

La imagen que así se produce es reconocida por el conocedor, y la atracción del placer le hace reproducir también la imagen del mismo. El objeto y el placer son relacionados por la experiencia, y cuando se forma la serie de vibraciones que componen la imagen, surge también la serie de vibraciones que constituye el placer, y que reproduce a éste. Estas imágenes son menos pasivas, y por tanto menos vívidas para el conocedor parcialmente desarrollado, que las causadas por el contacto con un objeto externo, porque las pesadas vibraciones físicas prestan mucha energía a las imágenes mentales y de deseos, pero fundamentalmente las vibraciones son materia mental, por el conocedor, de objetos que anteriormente han sido experimentados. Esta reflexión puede repetirse –y se repite– una y otra vez en materia cada vez más sutil, sin relación con ningún conocedor

2 El conjunto de las tres cualidades es el Universo manifestado o existencia condicionada. Estas tres cualidades o modos (*gunas*) de que participa el sujeto de los Vedas son: *Sattva* (luz, verdad, estabilidad, placer), *Rajas* (pasión, deseo, dolor) y *Tamas* (ignorancia, tinieblas, indiferencia). *Bhagavad Gîtâ.*

separado, y en su totalidad son el contenido parcial de la memoria de Ishvara.[3] Estas imágenes de imágenes pueden ser alcanzadas por cualquier conocedor separado en proporción a lo que haya desarrollado en sí mismo el "poder de vibración" antes mencionado; lo mismo que en la telegrafía sin hilos, una serie de vibraciones que constituye un mensaje puede ser recogida por un receptor apropiado, esto es, por un receptor capaz de reproducirlas, así también una potencia vibratoria latente en un conocedor puede hacerse activa por una vibración que le sea semejante, de entre aquellas imágenes cósmicas. Estas, en el plano *âkashico*,[4] forman los "anales akâshicos" de que se habla a menudo en la literatura teosófica, y perduran lo que la vida del sistema.

Memoria y anticipación

Volvamos a nuestro conocedor no desarrollado.

Cuando la memoria principia a funcionar, la anticipación le sigue pronto, pues la anticipación no es más que la memoria lanzada hacia adelante. Cuando la memoria hace volver a gustar un placer experimentado anteriormente, el deseo busca volver a asir el objeto que causó el placer, y cuando se piensa en este goce como el resultado de encontrar ese objeto en el mundo externo

3 En sánscrito: el Espíritu divino que mora en el hombre. *Bhagavad Gitâ.*

4 *Akasha*, sinónimo del *Æter* de los griegos, es la sustancia plástica primordial, sutilísima, de la cual es evolucionado el Kosmos. Dicha sustancia constituye los "anales *akâshicos*", el registro kármico donde quedan eternamente grabados toda clase de actos y pensamientos. Para más explicaciones véase los "Anales Akâshicos", en el libro de Leadbeater titulado *Clarividencia y Clariaudiencia.*

y gozar de él, tenemos la anticipación. El conocedor detiene su pensamiento en la imagen del objeto y en la imagen del placer, relacionándolos entre sí; si a esta contemplación añade el elemento del tiempo, el pasado y el futuro, se le da entonces dos nombres: la contemplación más la idea del pasado es memoria; la contemplación más la idea del futuro es anticipación.

A medida que estudiamos estas imágenes, principiamos a comprender toda la fuerza de aquel aforismo de Patanjali que dice que, para la práctica del Yoga, el hombre debe suspender las "modificaciones del principio pensante". Considerando desde el punto de vista de la ciencia oculta, cada contacto con el No-Yo modifica el cuerpo mental. Parte de la materia de que este cuerpo está compuesto se combina como un cuadro o imagen del objeto externo. Cuando se establecen relaciones entre estas imágenes, es pensamiento considerado desde el lado de la forma. Correspondiendo con éste existen vibraciones en el conocedor mismo; y estas modificaciones dentro de él son pensamiento considerado desde el lado de la vida. No hay que olvidar que el establecer estas relaciones es la función especial del conocedor, lo que él añade a las imágenes, y que este aditamiento cambia las imágenes en pensamientos. Las imágenes en el cuerpo mental se parecen mucho en su carácter a las impresiones que en una placa sensitiva hacen las ondas etéreas que se hallan fuera de la luz del espectro y que actúan químicamente en las sales de plata, volviendo a combinar la materia sobre la placa sensible, de suerte que se forman en ella imágenes de los objetos a que ha sido expuesta. Asimismo sucede en la placa sensible que llamamos cuerpo mental: los materiales se vuelven a combinar como una imagen de los objetos con que se ha puesto en contacto. El conocedor percibe estas imágenes por medio de sus propias vibraciones respondientes, las estudia y, después de cierto tiempo, principia a arreglarlas y modificarlas por las vibraciones que desde sí mismo lanza sobre ellas. Con arreglo a la ley de que hemos hablado, de que la energía sigue la línea de menor resistencia, reforma una y otra vez las mismas imágenes; y mientras se concreta a esta simple reproducción, con la sola adición del elemento del tiempo, tendremos, como ya se ha dicho, la memoria y la anticipación.

El pensar concreto es, después de todo, sólo una repetición, en materia más sutil, de las experiencias diarias, con la diferencia de que el conocedor puede detener y cambiar su secuencia, repetirlas, apresurarlas o hacerlas más lentas, según quiere. Puede detenerse en una imagen, cobijarla, mantenerse en ella, y así puede obtener de tal repetido examen de las experiencias mucho de lo que no advirtió al pasar por ellas, sujeto al incesante movimiento de la rueda del tiempo. Dentro de sus propios dominios puede disponer de su tiempo en lo que a la medida del mismo concierne, como hace Ishvara, el Logos, para sus mundos; sólo que no puede escapar ala esencia del tiempo hasta que pueda alcanzar la conciencia ishvárica, libertándose de los lazos de la materia del mundo.

Receptividad del Yo para el No-Yo

El primer requisito para el pensar competente es una observación atenta y exacta. El Yo, como conocedor, debe observar al No-Yo con atención y exactitud, si éste ha de convertirse en lo conocido y fundirse así en el Yo.

El segundo requisito es la receptividad y tenacidad en el cuerpo mental, la facultad de ceder pronto a las impresiones y retenerlas una vez hechas.

En proporción de la atención y exactitud de la observación del conocedor y de la receptividad y tenacidad de su cuerpo mental, se hallará la rapidez de su evolución y la celeridad con que sus potencias latentes se convierten en poderes activos.

Si el conocedor no ha observado con exactitud la imagen de pensamiento, o si el cuerpo mental, falto de desarrollo, sólo ha sido sensible a las vibraciones más fuertes de un objeto externo, y por consiguiente, sólo ha reflejado una reproducción imperfecta, el material para el pensamiento es impropio y erróneo. Sólo se ha obtenido en un principio el bosquejo general, quedando los detalles borrosos y hasta faltando del todo. A medida que desarrollamos nuestras facultades, a medida que introducimos una materia más sutil en el cuerpo mental, veremos que podemos recibir del mismo objeto externo mucho más de lo que recibíamos en los tiempos de menor desarrollo, encontrando así mucho más en un objeto que lo que antes encontrábamos.

Pongamos a dos hombres en un campo en presencia de una espléndida puesta de sol. Supongamos que uno de ellos es un campesino poco desarrollado, que no tiene la costumbre de observar la Naturaleza sino en lo que concierne a sus cosechas; que sólo ha mirado al cielo para saber si promete lluvia o sol, sin importarle nada su aspecto sino en lo que hace referencia a su modo de ganarse la vida o a su empleo. Supongamos que el otro es un artista, un pintor de genio, lleno de amor por la belleza y educado a ver y a gozar de cada matiz y tono de color. Los cuerpos físico, astral y mental del campesino están todos en presencia de esta brillante puesta de sol, y todas las vibraciones que produce actúan sobre los vehículos de su conciencia; ve diferentes colores en el cielo y observa que hay mucho rojo que promete un hermoso tiempo para el día siguiente, bueno o malo para su cosecha, según sea el caso. Esto es todo lo que saca de ello. Los cuerpos físico, astral y mental del pintor están todos expuestos exactamente a las mismas pulsaciones que los del campesino; pero, ¡cuán diferente es el resultado! El material más sutil de sus cuerpos reproduce un millón de vibraciones demasiado rápidas y sutiles que no conmueven el material más grosero del otro. Por consiguiente, su imagen de la puesta del sol es muy diferente de la imagen producida en el campesino. Los tonos delicados de color, el matiz que se desvanece en otro matiz, el azul y rosa transparentes, y el verde mar pálido iluminado de reflejos con detenido placer, con éxtasis de goce sintiente; despiértanse delicadas emociones, el amor y la admiración cámbianse en reverencia y alegría de que existan tales cosas; surgen las ideas de carácter más inspirado, a medida que el cuerpo mental se modifica bajo las vibraciones que actúan en él en el plano mental, del aspecto mental de la puesta de sol. La diferencia de las imágenes no es debida a una causa externa, sino a una receptividad interna. No depende de lo externo, sino de la capacidad de responder. No está en el No-Yo, sino en el Yo y sus envolturas. Con arreglo a estas diferencias es el resultado que se produce. ¡Cuán poco fluye en el primero! ¡Cuánto fluye en el segundo!

Aquí vemos con evidencia sorprendente el significado de la evolución del conocedor. Alrededor nuestro puede haber un universo de hermosura; sus hondas actúan sobre nosotros de todos lados y, sin embargo, puede ser como si no existieran.

Todo lo que está en la mente de Ishvara, el Logos de nuestro sistema, está actuando sobre nosotros y sobre nuestros cuerpos ahora. Lo que de ello podemos recibir marca el grado de nuestra evolución. Lo que hace falta para el desarrollo no es un cambio fuera de nosotros, sino un cambio dentro de nosotros. Todo nos ha sido ya dado, pero tenemos que desarrollar la capacidad para recibir.

Capítulo IV

EL DESARROLLO DEL PENSAMIENTO LA OBSERVACION Y SU VALOR

Por lo ya expuesto se comprenderá que la observación exacta es un elemento para pensar con claridad. Tenemos que principiar nuestro trabajo en el plano físico, donde nuestros cuerpos se ponen en contacto con el No-Yo. Marchamos *hacia arriba*, y toda la evolución principia en el plano inferior, pasando al superior; en el inferior tocamos, en primer término, el mundo externo y de éste pasan las vibraciones hacia arriba –o hacia adentro– haciendo surgir los poderes internos.

La observación exacta es, pues, una facultad que debe cultivarse definidamente. La mayor parte de la gente va por el mundo con los ojos medio cerrados, y esto lo puede comprobar cada uno de por sí preguntándose a sí mismo acerca de lo que ha observado al pasar por una calle. Podemos preguntarnos: ¿Qué he observado al pasar por tal calle? Mucha gente no ha observado casi nada; no ha formado ninguna imagen clara. Otros habrán quizás observado unas pocas cosas, algunos quizá muchas. Se cuenta del padre de Houdini que educó a su hijo en la observación del contenido de las tiendas ante las cuales pasaba al ir por las calles de Londres, hasta que llegó a poder dar cuenta de todo lo que contenía el frente de una tienda con sólo lanzar sobre la misma una simple mirada. El niño normal y el salvaje son observadores, y según sea su capacidad de observación, así es la medida de su inteligencia. La costumbre de observar de un modo claro y rápido tiene su fundamento; en el hombre de inteligencia mediana, en el pensar con claridad. Los que piensan muy confusamente son, por lo general, los que observan con menos exactitud, excepto cuando la inteligencia está altamente desarrollada y por lo general vuelta hacia dentro de sí misma.

Pero la contestación a la pregunta anterior puede ser: "Estaba pensando en otra cosa, y por tanto no observé". Y la contestación es muy apropiada si el que contesta estaba pensando en algo más importante que la educación del cuerpo mental y que la del poder de la atención por medio de la observación cuidadosa; pero si el que contesta sólo ha estado soñando, vagando su pensamiento de modo indeterminado, entonces ha malgastado su tiempo mucho más que si hubiese dirigido su energía hacia afuera.

Esta distinción debe considerarse como limitadora de las anteriores observaciones; pues un hombre, sumido profundamente en sus pensamientos, no observará los objetos pasajeros porque estará fijo en lo interior, y no en lo exterior. Los altamente desarrollados necesitan una educación distinta de los que lo estén sólo parcialmente.

Pero, ¿cuántos entre los que no observan, están realmente "sumidos profundamente en sus pensamientos"? En la mente de la mayoría todo es un vago mirar a cualquier imagen de pensamiento que pueda presentarse; una contemplación, sin objeto determinado, del contenido de su joyero o sus armarios. Esto no es pensar, pensar significa, como hemos visto, el establecer relaciones, el añadir algo que no estuviera previamente presente.

Al pensar, la atención del conocedor se dirige deliberadamente a imágenes de pensamiento, y trabaja activamente con ellas.

El desarrollo, pues, del hábito de observación constituye una parte de la educación de la mente y los que lo practiquen encontrarán que la mente se esclarece, aumenta en poder y se hace más fácilmente manejable; de suerte que pueden dirigirla a un objeto dado mucho mejor de lo que podían hacerlo antes. Ahora bien, este poder de observación, una vez definidamente establecido, obra automáticamente, registrando el cuerpo mental las imágenes que puede utilizar después si las necesita, sin exigir la atención de su dueño. Un caso muy trivial, pero significativo, de esta clase, puedo presentar como experiencia propia. Viajando yo por Norteamérica, se suscitó una cuestión acerca del número de la máquina de un tren en el que habíamos viajado. No fue en modo alguno un caso de clarividencia. El número se presentó instantáneamente en mi mente. Sin acción alguna consciente mía, la mente había observado y registrado el número al entrar el tren en la estación, y cuando se necesitó saberlo, la imagen mental del tren entrando, con el número en el frente de la máquina, se me presentó en seguida. Esta facultad, una vez establecida, es muy útil, pues significa que cuando las cosas han estado pasando alrededor de uno, sin distraer en aquel momento de la atención, se puede sin embargo recordarlas mirando el registro que el cuerpo mental había hecho de ellas por su propia cuenta.

Esta actividad automática del cuerpo mental fuera de la actividad consciente de Shiva,[1] tiene efecto en todos nosotros de

1 Shiva es la tercera persona del Trimurti india. Shiva, o el Mahâdeva, no sólo es el reproductor de las formas humanas, sino también el principio fructificador, el poder generador que compenetra al Universo.– *Doctrina Secreta,* tomo II.

un modo más considerable que lo que pudiera suponerse; pues se ha visto que cuando una persona es hipnotizada, refiere muchos pequeños sucesos que le habían acaecido sin despertar su atención. Estas impresiones llegan al cuerpo mental por medio del cerebro, y se imprimen en éste lo mismo que en aquél. De este modo llegan al cuerpo mental muchas impresiones que no fueron suficientemente fuertes para penetrar en la conciencia, no porque la conciencia no pueda conocerlas, sino porque no está lo suficientemente despierta más que para registrar las impresiones más profundas. En el estado hipnótico, en el delirio, en los sueños físicos, cuando el Shiva puede recobrar de ellas las impresiones de que este modo se hayan hecho.

Así si dos individuos pasan por una calle, uno de ellos educado en la observación y otro no, ambos pueden recibir un número de impresiones sin que ninguno de ellos se dé cuenta de las mismas en aquel momento; pero después el observador educado podrá recordar estas impresiones, al paso que el otro no. Como este poder depende del pensar con claridad, los que deseen cultivar y dominar el poder del pensamiento harán bien en no descuidar el cultivo del hábito de observación y sacrificar el mero placer de vagar por donde quiera que la corriente de la fantasía pueda llevarlos.

La evolución de las facultades mentales

A medida que se acumulan imágenes, el trabajo del conocedor se hace más complicado y su actividad en ellas hace surgir un poder tras otro, inherentes a su naturaleza divina. Ya no acepta el mundo externo tan sólo en su simple relación con él mismo, como conteniendo objetos que son causa de placer o de dolor para él, sino que dispone unas al lado de otras las imágenes de los mismos, las estudia en sus diversos aspectos, les da vueltas y las vuelve a considerar. También principia a coordinar sus propias observaciones. Observa el orden de sucesión de las imágenes. Cuando unas dan lugar a otras; cuando una segunda imagen ha seguido a una primera muchas veces, principia a buscar la segunda cuando la primera se presenta, y de este modo las enlaza. Este es el primer paso hacia el razonamiento, y en este punto también tenemos la llamada hacia afuera de una facultad inherente. Arguye que A y B han aparecido siempre sucesivamente, y que, *por tanto,* cuando A aparece B aparecerá también. Esa previsión, al comprobarse constantemente, le hace enlazarlas como "causa" y "efecto", y muchos de sus primeros errores son debidos al establecimiento demasiado precipitado de esta relación. Por otra parte, poniendo las imágenes una al lado de la otra, observa su semejanza o desemejanza, y desarrolla la facultad de comparar. Elige una u otra como productora de placer, y mueve su cuerpo en el mundo externo en busca de ellas, desarrollando su juicio por estas selecciones y sus consecuencias. Desenvuelve un sentido de las proporciones en relación con la semejanza o desemejanza, y agrupa los objetos con arreglo a su mayor igualdad, o los separa según su mayor diferencia; en esto también comete muchos errores, por inducirle fácilmente a ellos las semejanzas superficiales, pero que luego corrige por observaciones posteriores.

De este modo la observación, la distinción, la razón, la comparación, el juicio, se desenvuelven uno tras otro; son facultades que se desarrollan con la práctica, y así crece este aspecto del Yo como conocedor, por medio de la actividad de los pensamientos, por la acción y reacción, constantemente repetida y entrelazada entre el Yo y el No-Yo.

Para apresurar la evolución de esas facultades, debemos ejercitarlas deliberada y conscientemente, usando las circunstancias de la vida diaria como oportunidades para desarrollarlas. Del mismo modo, como el poder de observación, según hemos visto ya, puede educarse en esta vida diaria, así también podemos acostumbrarnos a ver los puntos de parecido o de semejanza en los objetos que nos rodean; podemos sacar conclusiones y comprobarlas por medio de los sucesos; podemos comparar y juzgar, y todo esto conscientemente y con un objeto dado. El poder del pensamiento crece rápidamente con este ejercicio deliberado y se convierte en una cosa que se maneja constantemente, porque se siente como una posesión definida.

La memoria

A fin de poder comprender claramente cuál es la causa de la "mala memoria", debemos examinar el proceso mental que construye lo que llamamos memoria. Aunque en muchos libros psicológicos se habla de la memoria como de una facultad mental, no existe realmente una facultad a la que se le puede dar este nombre. La persistencia de una imagen mental no es debida a facultad especial alguna, sino que pertenece a la *cualidad* general de la mente; una mente débil, es débil en persistencia como en todo lo demás; y lo mismo que una sustancia demasiado fluida no retiene la forma del molde en el que se haya vertido, así pierde la forma que ha asumido. Cuando el cuerpo mental está poco organizado, cuando es un mero agregado de moléculas de materia mental, una masa a manera de nube sin mucha coherencia, la memoria será ciertamente débil. Pero esta debilidad es general, no especial; es común a toda la mente; y es debida a su estado inferior de evolución.

A medida que el cuerpo mental se organiza y funcionan en él los poderes de Shiva, vemos a menudo, sin embargo, lo que se llama "una mala memoria". Pero si observamos esta "mala memoria", veremos que no es deficiente en todos los aspectos, sino que hay algunas cosas que se recuerdan bien y que la mente retiene sin esfuerzo. Si luego examinamos estas cosas que se recuerdan, veremos que son aquellas que atraen con fuerza a la mente, que las cosas que gustan mucho no se olvidan. He conocido a una mujer que se quejaba de mala memoria respecto de asunto de estudios, al paso que observé en ella una memoria muy retentiva acerca de detalles de un vestido que admiraba. A su cuerpo mental no le faltaba poder retentivo suficiente, y cuando observaba cuidadosa y atentamente y producía una imagen mental clara, ésta tenía prolongada vida. En esto tenemos la clave de la "mala memoria". Es debida a falta de atención, a falta de observación exacta y, por tanto, a un pensamiento confuso. El pensamiento confuso es la impresión borrosa causada por la observación descuidada y la falta de atención, al paso que el pensamiento claro es la impresión bien marcada, debida a la atención concentrada y a la observación cuidadosa y exacta. No recordamos las cosas a las que prestamos poca atención; pero recordamos bien las cosas que nos interesan mucho. ¿Cómo debe, pues, tratarse una "mala memoria"? Primeramente debe observarse las cosas respecto de las cuales es mala, y aquéllas para la que es buena, a fin de calcular la cualidad general de adhesividad. Luego deben examinarse las cosas para las cuales es mala, a fin de ver si valen la pena de ser recordadas, y si son cosas que no nos importan. Si vemos que no nos importan, pero que en nuestros momentos mejores sentimos que deben interesarnos, entonces debemos decirnos: "Voy a fijarme en ellas, voy a observarlas con exactitud y voy a pensar en ellas cuidadosa y detenidamente". Haciendo esto vemos que nuestra memoria mejora, pues, como se ha dicho antes, la Memoria depende realmente de la atención, de la observación exacta y del pensamiento claro. Un objeto que atraiga es valioso para fijar la atención; si éste no está presente, su lugar debe reemplazarse por medio de la voluntad.

En esto, como en todas las cosas, un pequeño ejercicio que se repita diariamente, es de mucho más efecto que un gran esfuerzo seguido de un período de inacción. Debemos imponernos la pequeña tarea diaria de observar una cosa cuidadosamente, imaginándola en la mente *con todos sus detalles*, manteniendo la mente fija en ella durante un poco de tiempo, como puede fijarse el ojo físico en un objeto. Al siguiente día debemos evocar la imagen reproduciéndola con la mayor exactitud que se pueda, y luego compararla con el objeto y observar las inexactitudes. Si concedemos cinco minutos diarios a este ejercicio, observando alternativamente un objeto, imaginándolo luego en la mente y evocando la imagen al día siguiente y comparándola con el objeto, "mejoraremos nuestra memoria" muy rápidamente, al paso que estamos mejorando realmente nuestros poderes de observación, de atención, imaginación y de concentración; en una palabra: estaremos organizando el cuerpo mental y haciéndolo propio, mucho más rápidamente que lo hará la naturaleza sin ayuda, para desempeñar sus funciones de un modo efectivo y útil. Ningún hombre puede emprender un ejercicio como éste sin que le produzca efecto, y pronto tendrá la satisfacción de conocer que sus poderes han aumentado y se hallan mucho más sujetos al dominio de la voluntad.

Los medios artificiales para mejorar la memoria presentan las cosas a la mente en forma atractiva, o asocia con esa forma la cosa que hay que recordar. Si una persona percibe con facilidad, puede ayudar a una mala memoria formando una imagen y relacionando las cosas que quiere recordar con determinados puntos de la pintura. Otras personas, en quienes domina el poder auditivo, se acuerdan por medio de un ritmo o retintín, y, por ejemplo, construyen con una serie de fechas u otros hechos poco atractivos, versos que se "aferran a la mente". Pero mucho mejor que estos métodos es el racional que hemos descrito antes, con cuyo uso el cuerpo mental mejora su organización, se hace mas coherente en sus materiales.

La educación de la mente

El educar la mente en cualquier sentido es educarla toda en cierto grado, pues cualquier clase definida de educación organiza la materia mental de que está compuesto el cuerpo mental, así como también llama hacia afuera algunos de los poderes del conocedor. La facultad mejorada puede dirigirse a un fin cualquiera y sirve para todos los objetos. Una mente educada puede aplicarse de un modo que sería imposible a la no educada, y ésta es la utilidad de la educación.

Pero no debe nunca olvidarse que la educación de la mente no consiste en sobrecargarla de hechos, sino en desarrollar sus poderes. La mente no se desarrolla atosigándola con los pensamientos de otros, sino ejercitando sus propios poderes. Se dice de los grandes Maestros que se hallan a la cabeza de la humanidad, que conocen todo cuanto existe en el sistema solar. Esto no significa que todos los hechos que en éste se encierran están siempre en su conciencia, sino que han desarrollado de tal modo en ellos el aspecto del conocimiento, que siempre que dirigen su atención sobre algo conocen el objeto en que la han fijado. Esto es algo mucho más grande que el acopio en la mente de cualquier número de hechos, así como es una cosa más grande ver un objeto en el que se fija la mirada, que ser ciego y conocerlo sólo por la descripción que otros hacen. La evolución de la mente se mide no por las imágenes que contiene, sino por el desarrollo de la naturaleza llamada conocimiento, el poder de reproducir en ella todo cuanto se le presente. Esto es tan útil en cualquier otro universo como en éste, y una vez obtenido, es nuestro para emplearlo donde quiera que estemos.

La asociación con superiores

Ahora bien: este trabajo de educar la mente puede ser muy auxiliado poniéndonos en contacto con aquellos que están más altamente desarrollados que nosotros. Un pensador de mayor poder que nosotros puede ayudarnos materialmente porque emite vibraciones de un orden superior al que nosotros podemos crear. Un pedazo de hierro no puede por sí solo emitir vibraciones de calor; pero si se halla cerca del fuego, puede responder a las vibraciones de éste y calentarse. Cuando nos hallamos al lado de un pensador potente, sus vibraciones obran en nuestro cuerpo mental y despiertan en él vibraciones respondientes, de suerte que vibramos en simpatía por él. Durante aquel tiempo sentimos que nuestro poder mental ha aumentado y que podemos asir conceptos que normalmente se nos escapan; pero cuando de nuevo nos hallamos solos, vemos que estos mismos conceptos se han tornado borrosos y confusos.

Muchas veces sucede que la gente oye un discurso y lo sigue inteligentemente durante aquel tiempo. Se marchan luego muy satisfechos, sintiendo que han obtenido algo valioso en conocimiento. Al día siguiente, al querer participar a un amigo lo que han obtenido, encuentran, con mortificación, que no pueden reproducir los conceptos que tan claros y luminosos le parecieron, y entonces exclaman: "Estoy seguro que lo sé; aquí lo tengo, sólo que falta agarrarlo". Este sentimiento proviene de la memoria, de las vibraciones que, tanto el cuerpo mental como Shiva, han experimentado; existe la conciencia de haber comprendido los conceptos, la memoria de las formas tomadas y el sentimiento de que, habiéndolas, producido, su reproducción debiera ser fácil. Pero el día anterior las vibraciones superiores fueron las que produjeron las formas cogidas por el cuerpo mental; fueron moldeadas desde afuera y no desde adentro. La impotencia experimentada al tratar de reproducirlas significa que este moldeamiento tiene que repetírsele algunas veces antes de que tenga suficiente fuerza para reproducir estas formas por vibraciones por él mismo iniciadas. El Conocedor tiene que vibrar de este modo superior varias veces antes de que pueda reproducir las vibraciones a voluntad. En virtud de su propia inherente naturaleza, una vez que se ha hecho responder varias veces a la impresión desde afuera. El poder en ambos conocedores es el mismo, pero el uno lo ha desarrollado, al paso que el otro está latente. Se lo saca de esta latencia por el contacto con un poder semejante ya en actividad, y de este modo el más poderoso apresura la evolución del más débil.

En eso consiste una de las utilidades de asociarse con personas más avanzadas que nosotros. Nos aprovechamos de su contacto y nos desarrollamos bajo su influencia estimulante. Un verdadero Maestro ayuda de este modo a sus discípulos mucho más teniéndolos a su lado que por la palabra.

Para esta influencia el trato personal directo proporciona el contacto más efectivo. Pero a falta de esto o la asociación con el Maestro, mucho puede también obtenerse de los libros, si éstos se eligen sabiamente. Al leer una obra de un verdadero gran escritor, debemos por el momento tratar de colocarnos en una situación negativa o receptiva, de suerte que se reciba el mayor número posible de sus vibraciones mentales. Cuando hayamos percibido estas vibraciones, nos esforzaremos al tratar de sentir el pensamiento que parcialmente expresan, extraer de ellas todas sus ocultas relaciones. Nuestra atención debe concentrarse de modo que penetre la mente del escritor a través del velo de sus palabras. Semejante lectura sirve de educación y hace progresar nuestra evolución mental. Una lectura menos esforzada puede servir de pasatiempo, puede llenar nuestra mente con hechos valiosos y aumentar así nuestra utilidad. Pero la lectura que se ha escrito significa un estímulo para nuestra evolución, y no debe ser descuidado por los que buscan el desarrollo con el fin de servir.

Capítulo V

CONCENTRACION

Pocas cosas hay que sean tan difíciles para el estudiante que principia a educar su mente como la concentración. En las primeras etapas de la actividad de la mente, el progreso depende de sus veloces movimientos, de su viveza, de su disposición para recibir los choques de sensaciones tras sensaciones, volviendo su atención prontamente de una a otra. En esta etapa la versatilidad es una cualidad valiosísima, siendo esencial para el progreso la dirección constante de la atención hacia lo externo. Mientras que la mente esté reuniendo materiales para pensar, la extrema movilidad es una ventaja; y durante muchas, muchísimas vidas, la mente se desarrolla por medio de esta movilidad, la cual aumenta con la práctica. La interrupción de esta costumbre de exteriorizarse en todas direcciones, la imposición de la fijeza de la atención en un solo punto, semejante cambio causa un sacudimiento, un choque, y la mente se precipita alocada, como el caballo no domado cuando por primera vez siente el freno.

Hemos visto que el cuerpo mental se amolda a las imágenes de los objetos a que se dirige la atención. Patânjali habla de la interrupción de las modificaciones del principio pensante, esto es, la interrupción de esas constantes reproducciones del mundo externo. El detener las constantes modificaciones del cuerpo mental, y el mantenerlo amoldado con fijeza a una imagen mental, es concentración en lo que a la forma se refiere; dirigir la atención con fijeza a esta forma, a fin de reproducirla perfectamente dentro de sí, es concentración en lo que respecta al conocedor.

En la concentración, la conciencia está fija en una sola imagen; toda la atención del conocedor está dirigida a un solo punto, sin fluctuaciones ni desviaciones. La mente –la cual discurre continuamente de una a otra cosa, atraída por los objetos externos, amoldándose a cada uno en veloz sucesión– es enfrentada, mantenida y obligada por medio de la voluntad a permanecer en una forma, moldeada a una imagen, sin atender a ninguna otra impresión.

Ahora bien, cuando se mantiene a la mente de este modo, amoldada a una imagen, y el conocedor la completa fijamente, obtiene un conocimiento del objeto muchísimo mayor que el que pudiera aportarle cualquier descripción verbal del mismo. Nuestra idea de una pintura, de un paisaje, es mucho más completa cuando la hemos visto que cuando sólo la leemos y oímos hablar de ella. Y si nos concentramos en tal descripción, la pintura toma forma en el cuerpo mental, y obtenemos un conocimiento mucho más completo que el que se obtiene por la mera lectura de las palabras. Las palabras son símbolos de las cosas, y la concentración en el bosquejo de una cosa producida por la palabra descriptiva añade más y más detalles, por ponerse la conciencia más en contacto con la cosa descrita.

Al principio de la práctica de la concentración hay que luchar con dos dificultades. Primera, el desatender las impresiones que continuamente se reciben. Hay que impedir que el cuerpo mental conteste a estos contactos, debiendo resistirse la tendencia a responder a las impresiones externas; pero esto requiere dirigir parcialmente la atención a esta misma resistencia, y cuando se ha vencido la tendencia a responder, la resistencia misma tiene que cesar; se necesita el equilibrio perfecto, ni resistencia ni no resistencia, sino una firme quietud, tan poderosa que las ondas externas no produzcan ningún resultado, ni tan siquiera el resultado secundario de tener conciencia de un algo que hay que resistir. Segunda, la mente debe sostener como única imagen durante el tiempo que sea el objeto de la concentración; no sólo debe resistirse a ser modificada en contestación a los choques externos, sino que debe también cesar su propia actividad interna, la cual está siempre barajando su contenido, pensando en él, estableciendo nuevas relaciones, descubriendo semejanzas y desemejanzas ocultas. Esta imposición de quietud interna es aún más difícil que permanecer ignorante de choques externos, por referirse a su propia vida íntima y completa. El volver la espalda al mundo externo es más fácil que aquietar el interno, porque este mundo interno está más identificado con el Yo; y en una palabra, para la mayor parte de la gente en el presente grado de evolución, representa el "yo" (personal). El intento mismo, sin embargo, de aquietar la mente de este modo, produce pronto un avance en la evolución de la conciencia, porque inmediatamente sentimos que el que gobierna y el gobernado no pueden ser uno, e instintivamente nos identificados con el primero. "Yo aquieto *mi mente*", es la expresión de la conciencia, y se siente a la mente como perteneciendo al "yo", como una propiedad suya.

Esta distinción crece inconscientemente y el estudiante encuentra que está adquiriendo la conciencia de una dualidad, de algo que domina y de algo que es dominado. La mente concreta inferior es apartada y el "yo" se siente como un poder mayor, como una visión más clara, y se desarrolla un sentimiento de que este "yo" no depende ni del cuerpo ni de la mente. Este es el primer albor de conciencia de la verdadera naturaleza inmortal, y el horizonte se dilata, pero interiormente, no externamente, hacia adentro, más y más, continuamente y sin limitación. Desarrolláse el poder de conocer la Verdad a primera vista, el cual sólo se muestra cuando se trasciende a la mente con su lento proceso de razonar. Porque el "yo" es la expresión del Yo, cuya naturaleza es conocimiento, y siempre que se pone en contacto con una verdad encuentra sus vibraciones regulares, y por tanto en armonía con las suyas, al paso que lo falso le desentona y causa un sonido discordante, anunciando su naturaleza con su mismo contacto. A medida que la mente inferior asume una posición más y más subordinada, estos poderes del Ego afirman su propio predominio, y la intuición –análoga a la visión directa del plano físico– sustituye al razonamiento, el cual puede ser comparado al sentido del tacto en el plano físico.

Cuando la mente está bien educada en la concentración de un objeto, y puede sostener su "agudeza" –según especialmente se llama este estado– corto rato, el grado que a éste sigue es abandonar el objeto y mantener la mente en esta actitud de atención fija, *sin que la atención esté dirigida a cosa alguna*. En este estado el cuerpo mental no muestra ninguna imagen; su material propio existe siempre, mantenido fijo y firme, sin recibir impresiones, en un estado de calma perfecta, como un lago sin olas. Entonces el Ego puede formar el cuerpo mental con arreglo a sus propios elevados pensamientos y penetrarlo con sus propias vibraciones. Puede moldearlo con arreglo a las elevadas visiones de los planos superiores al suyo, de lo cuales ha obtenido un vislumbre en sus momentos de mayor elevación, y de esta manera puede aportar ideas a las que el cuerpo mental no hubiera podido responder de otro modo. Estas son las inspiraciones del genio, ese relámpago que desciende a la mente con deslumbrante luz y que ilumina al mundo. El hombre mismo que las comunica al mundo escasamente puede decir, en su estado mental ordinario, cómo han llegado a él: sólo sabe que de algún modo extraño.

...el poder dentro de mí resonando
Vive en mi labio y llama con mi mano.

La conciencia esta donde quiera que hay un objeto al cual responde

En el mundo de las formas, una forma ocupa un espacio definido y no puede decirse –si se me permite la frase– que está en un sitio donde no está. Esto es que, ocupando cierto lugar, está más cerca o más lejos de otras formas que ocupan determinados sitios con relación al suyo. Si cambia de un sitio a otro, tiene que cruzar el espacio que entre ambos media, cuyo tránsito puede ser rápido o lento, veloz como un relámpago o perezoso como la tortuga, pero que tiene que hacerse y emplear cierto tiempo, ya sea corto o largo.

Ahora bien: respecto de la conciencia, el espacio no existe. La conciencia cambia de estado, pero no de sitio, y abarca más o menos, conoce o no conoce aquello que no es ella misma, justamente en la proporción en que pueda o no pueda responder a las vibraciones de los no-yoes. Su horizonte se ensancha con su receptividad, esto es, con su poder de responder, con su poder de reproducir vibraciones. En esto no hay nada de viajar, de cruzar intervalos intermedios. El espacio pertenece a las formas, las cuales se afectan más entre sí cuanto más próximas se hallan unas de otras y cuya mutua influencia disminuye a medida que aumenta la distancia que las separa.

Todos los que practican la concentración con éxito descubren para sí esta no existencia del espacio para la conciencia. Un verdadero adepto puede adquirir conocimiento de cualquier objeto concentrándose en él, sin que la distancia afecte en nada tal concentración. Adquiere conciencia de un objeto que se encuentre, pongamos por caso, en otro planeta, no porque su visión astral actúe telescópicamente, sino porque en la región interna existe el universo entero como un punto; un hombre semejante llega al Corazón de la Vida y ve todas las cosas en él.

En los *Upanishads* está escrito que dentro del corazón hay una pequeña cámara, y que dentro de ella está el "éter interno", el cual es coextensivo con el espacio; éste es el Atmâ, el Yo inmortal inaccesible a todo dolor.

Dentro moran el firmamento y el mundo; dentro moran el fuego y el aire, el sol y la luna, los relámpagos y las estrellas, todo lo que está y todo lo que no está en Este (el Universo). "Chhândogyopanishad", VIII, 1, 3.

Este "éter interno del corazón" es un término místico antiguo que describe la naturaleza sutil del Yo, el cual es, verdaderamente, uno y todo penetrante, de suerte que aquel que sea consciente en el Yo, es consciente de todos los puntos del Universo. La ciencia dice que un movimiento de un cuerpo aquí, afecta la estrella más distante, porque todos los cuerpos están sumergidos en el éter y penetrados por él, un medio continuo que transmite las vibraciones sin fricción alguna, y por tanto, sin pérdida de energía, y por consiguiente a cualquier distancia. Esto es en el aspecto formal de la Naturaleza. Es, pues, natural que la conciencia, el aspecto vida de la Naturaleza, sea del mismo modo toda penetrante y continua.

Nosotros sentimos que estamos "aquí" porque estamos recibiendo impresiones de los objetos que nos rodean. Así, cuando la conciencia vibra en contestación a objetos "distantes" de un modo tan completo como a objetos "próximos", sentimos que estamos con ellos. Si la conciencia responde a un suceso que tiene lugar en nuestra propia habitación, no hay diferencia en el conocimiento que se adquiere de uno y de otro, y en ambos casos se siente igualmente estar "aquí". El Conocedor está donde quiera que su conciencia puede responder, y el aumento de este poder significa la inclusión en su conciencia de todo aquello a que responde, de todo aquello que está en su esfera de vibración.

En este punto también es útil la analogía física. El ojo puede ver todo aquello que puede lanzar vibraciones luminosas en él, pero nada más. Puede responder dentro de cierta esfera de vibraciones; todo lo que esté fuera de ella, por encima del axioma hermético "así como es arriba es abajo", o por debajo, es para él oscuridad. El antiguo axioma es una clave en el laberinto que nos rodea, y estudiando lo reflejado abajo, podemos muchas veces aprender algo del objeto que desde arriba se refleja. Una diferencia entre este poder de estar consciente de cualquier sitio y el "ir" a planos superiores, es que en el primer caso el Jiva,[1] ya esté o

1 La Vida Universal.

no encerrado de los objetos "distantes", y en el segundo, revestido del cuerpo mental y del astral, o solamente del primero, viaja velozmente de un punto a otro con conciencia de la traslación. Una diferencia aún mucho más importante es que el Jiva puede encontrarse en medio de una multitud de objetos de los cuales no entiende absolutamente nada, un mundo nuevo y extraño que se sorprende y confunde; al paso que en el primer caso comprende todo lo que ve, y conoce en todas ocasiones la vida así como la forma. Estudiada de este modo, la luz del Yo Uno brilla a través de todo, y se goza de un conocimiento sereno que nunca pudiera adquirirse pasando edades sin cuento en medio del desierto de las formas.

La concentración es el medio por el cual el Jiva escapa de la esclavitud de las formas y entra en la paz. "Para él no hay paz sin la concentración", dice el Maestro (*Bhagavad Gitâ*, II, 66); pues la paz tiene su nido en una roca que se cierne sobre las agitadas ondas de la forma.

Mentes vagabundas

La queja universal que viene de los que principian a practicar la concentración, es que el intento mismo de concentrarse da por resultado una mayor inquietud de la mente. Hasta cierto punto esto es verdad; pues la ley de acción y reacción funciona en esto como en todo, y la impresión que se impone a la mente produce una reacción correspondiente. Pero al paso que admitimos esto, vemos, estudiando el asunto con mayor detenimiento, que el *aumento* de inquietud es en gran parte ilusorio. El sentimiento de tal aumento se debe principalmente a la oposición que de repente hacer surgir entre el Ego que desea la fijeza y la mente en su condición normal de movilidad. El Ego ha sido, durante una larguísima serie de vidas, llevado de aquí para allá por la mente en todos sus veloces movimientos, así como el hombre es llevado siempre a través del espacio por la tierra. El no es consciente del movimiento; no sabe que el mundo se mueve, de tal manera forma él parte del mismo, moviéndose como él se mueve. Si pudiera separarse de la tierra y detener su propio movimiento sin quedar reducido a átomos, entonces solamente podría tener conciencia de que la tierra se movía con gran velocidad. Mientras el hombre cede a todos los movimientos de la mente no se da cuenta de su continua actividad e inquietud; pero cuando se queda quieta, cuando cesa de moverse, entonces siente el incesante movimiento de la mente, a la cual hasta entonces ha obedecido.

Si el principiante conoce estos hechos, no se desanimará desde el comienzo mismo de sus esfuerzos al encontrarse con esta experiencia universal, sino que considerándola como una resultante natural, proseguirá tranquilamente su tarea. Y, después de todo, no hace más que repetir la experiencia que expresó Arjuna hace cinco mil años.

Este Yo que Tú has declarado ser por ecuanimidad, oh matador de Madhu,[2] *no lo veo firmemente fundado, a causa de la inquietud; pues la mente es verdaderamente inquieta, oh Krishna; es impetuosa, fuerte y difícil de doblegar: la considero tan difícil de dominar como el viento.*

2 El demonio de las tinieblas, o sea los malos deseos y bajas pasiones. *Bhagavad Gitâ.*

Y la contestación es, no obstante, verdad, la contestación señala el único medio de conseguirlo.

Sin duda alguna, oh poderoso armado, la mente es difícil de dominar e inquieta; pero puede ser doblegada por medio de la práctica constante y la indiferencia. Bhagavad Gitâ.

La mente, de este modo aquietada, no perderá tan fácilmente su equilibrio por los pensamientos vagabundos de otras mentes que buscan siempre dónde deslizarse, multitud vagabunda que constantemente nos rodea. La mente, acostumbrada a la concentración, retiene siempre cierta positividad y no se amolda fácilmente a los intrusos.

Todos los que se dediquen a educar sus mentes deben mantener una actitud de firme vigilancia respecto de los pensamientos que "vienen a la mente", practicando siempre con ellos una selección constante. El negarse a abrigar malos pensamientos, el repelerlos prontamente si llegasen a entrar, el reemplazar en el acto un pensamiento malo por uno bueno de naturaleza opuesta, esta práctica templará la mente de tal modo que, después de cierto tiempo, obrará automáticamente, rechazando por sí misma lo malo. Las vibraciones rítmicas, armoniosas, repelen las inarmónicas e irregulares; son lanzadas de la rítmica y vibrante superficie como una piedra que choca contra una rueda que gira. Viviendo, como todos vivimos, en una corriente continua de pensamientos buenos y malos, necesitamos cultivar la acción selectiva de la mente, de suerte que los buenos sean automáticamente acogidos y los malos automáticamente rechazados.

La mente es como un imán, que atrae y repele, y la naturaleza de sus atracciones y repulsiones puede ser determinada por nosotros mismos. Si observamos los pensamientos que acuden a nuestra mente, veremos que son de la misma clase que los que habitualmente abrigamos. La mente atrae los pensamientos que son congruentes con sus actividades normales. Si, pues, practicamos deliberadamente durante un tiempo la selección, la mente verificará pronto esta selección por sí misma en la senda que se le ha marcado, y de este modo los pensamientos perjudiciales no penetrarán en la mente, al paso que los beneficios encontrarán siempre la puerta abierta.

Modo de concentrarse

Una vez comprendida la teoría de la concentración, el estudiante debe principiar su práctica.

Si tiene un temperamento de devoción, su trabajo se simplificará mucho, porque puede tomar el objeto de su devoción como objeto de contemplación; y como el corazón es atraído, poderosamente a ese objeto, la mente permanecerá gustosamente en él, presentando la imagen amada sin esfuerzo y excluyendo las otras con igual facilidad; pues la mente es constantemente impelida por el deseo y sirve siempre como ministro del placer. Aquello que causa placer es lo que la mente busca siempre, y siempre trata de presentar imágenes que causan placer y de excluir las que originan dolor. De ahí que se sostendrá en la imagen amada, fijándose en tal contemplación por el placer que causa, y si se le obliga a separarse de ella, volverá una vez y otro. Un devoto puede, pues, alcanzar muy pronto un grado considerable de concentración; piensa en el objeto de su devoción, creando con la imaginación tan claramente como le es posible una pintura, una imagen de aquel objeto, y luego conserva la mente fija en esa imagen, en el pensamiento del amado. Así, un cristiano pensaría en el Cristo, en la Virgen Madre, en su Santo Patrono, en su Angel Guardián, etc.; un indio pensaría en Maheshvara, en Visnú, en Umâ, en Shri Krishna; un budista pensaría en Buda, en Bodhisattva; un parsi en Ahuramazda, en Mitra, y así sucesivamente. Todos y cada uno de estos objetos llaman la devoción del que adora y la atracción que ejercen sobre el corazón ata la mente al objeto causante del placer. De este modo la mente se concentra con el menor esfuerzo, con la pérdida menor de fuerza.

Cuando el temperamento no es de devoción, puede, sin embargo, utilizarse como ayuda el elemento de atracción; pero en este caso debe atraer a una idea, no a una persona. Los primeros intentos de concentración deben hacerse siempre con esta ayuda. En la persona no devota la imagen atrayente debe tomar la forma de alguna idea profunda, de algún elevado problema; esto es lo que debe formar el objeto de la concentración, y en él debe fijarse firmemente. En esto, el poder de sujección de la atracción es el interés intelectual, el deseo profundo de conocimiento, uno de los amores más hondos del hombre.

Otra forma de concentración de mucho resultado, para el que no se sienta atraído a una personalidad como objeto de devoción, es elegir una virtud y concentrarse en ella. Semejante objeto puede despertar una especie de verdadera devoción, porque llama al corazón, por medio del amor, a la belleza intelectual y moral. La virtud debe ser imaginada por la mente del modo más completo posible, y cuando se ha obtenido una vista general de sus efectos, la mente debe sostenerse fija en su naturaleza esencial. Otra gran ventaja de esta clase de concentración es que la mente se moldea a la virtud y repite sus vibraciones, convirtiéndose la virtud gradualmente en parte de la naturaleza y estableciéndose firmemente en el carácter. Este moldeamiento de la mente es en realidad un acto de creación propia, pues la mente, después de algún tiempo, asume gustosa las formas a que se le ha obligado por la concentración, y estas formas se convierten en los órganos de su expresión habitual. Con verdad se ha escrito de muy antiguo:

El hombre es la creación del pensamiento; lo que piensa en su vida, en eso mismo se convertirá en lo sucesivo. (Chhândogyopanishad, III, XIV, I.)

Cuando la mente se aparta del objeto, ya sea éste de devoción o intelectual –como sucederá una y otra vez–, debe ser atraída y fijada de nuevo en el objeto. Muchas veces vaga lejos sin que tal vagar se note, y el estudiante despierta repentinamente al hecho de que está pensando en una cosa muy distinta del objeto propuesto. Esto sucederá una y cien veces, y con paciencia debe volverla a traer al punto; es un procedimiento fastidioso y cansador, pero no hay otro medio de obtener la concentración.

Es un ejercicio mental útil e instructivo, cuando la mente se ha deslizado de este modo sin que se note, el traerla de nuevo al punto haciéndola retroceder por el mismo camino por el cual se apartó. Este procedimiento aumenta el dominio del jinete su desbocado corcel y disminuye así su inclinación a escapar.

El pensar consecutivo, aunque es un paso hacia la concentración, no es una cosa idéntica, porque en el pensar consecutivo la mente pasa por una serie de imágenes y no está fija en una sola. Pero como es mucho más fácil que la concentración, el principiante puede usarlo como preparatorio de la otra tarea más difícil. Para un devoto es muchas veces más útil elegir una escena de la vida del objeto de su devoción, y pintar vívidamente la escena en sus detalles, de localidad, paisaje y colorido. De este modo la mente se afirma gradualmente en una senda y, por último, se la puede conducir y fijarse en la figura principal de la escena, o sea el objeto de devoción. Al reproducirse la escena en la mente asume un sentimiento de realidad, y de este modo puede ser posible ponerse en contacto magnético con los anales de esta escena en un plano superior –la fotografía permanente de ella en el éter cósmico– y obtener así un conocimiento mucho mayor de ella que el que puede haberle dado cualquier descripción. De este modo también el devoto puede ponerse en contacto magnético con el objeto de su devoción y, por medio de este contacto directo, entrar en relación mucho más íntima con él; pues la conciencia no se halla bajo ninguna limitación física de espacio, sino que está donde quiera que se halla consciente, circunstancia que ya ha sido explicada.

La concentración misma, sin embargo, debe tenerse presente que no es este pensar consecutivo, y la mente tiene por último que ser firmemente atada al objeto único y permanecer fija en él, no razonando sobre él, sino, como dijéramos, extrayendo, absorbiendo su contenido.

Los peligros de la concentración

Existen ciertos peligros relacionados con la práctica de la concentración respecto de los cuales hay que prevenir a los principiantes, pues muchos estudiantes, ansiosos en su deseo de avanzar mucho, van demasiado de prisa, y así se crean obstáculos en lugar de mayores facilidades.

El cuerpo puede llegar a perjudicarse debido a la ignorancia y falta de cuidados del estudiante.

Cuando un hombre concentra su mente, su cuerpo se pone en un estado de tensión que él nota y que es involuntario en lo que a su intención concierne; esta clase de relación de la mente y del cuerpo puede observarse en muchas cosas triviales: un esfuerzo para recordar algo ocasiona arrugas en la frente, los ojos se fijan y las cejas descienden; la atención firme es acompañada por fijeza de los ojos; la ansiedad por una mirada vehemente y atenta. Durante edades el esfuerzo de la mente ha sido acompañado por el esfuerzo del cuerpo, pues habiendo estado dirigida la mente por completo a suplir las necesidades del cuerpo por medio de esfuerzos corporales, ha establecido así una asociación que obra automáticamente.

Cuando se principia la concentración, el cuerpo, siguiendo su costumbre, sigue a la mente y los músculos se ponen rígidos, y tirantes los nervios; de aquí que un gran cansancio físico, un agotamiento muscular y nervioso, un dolor agudo de cabeza, pueden seguir a los esfuerzos que se hagan; y así la gente es inducida a renunciar a tal ejercicio creyendo que estos malos efectos son inevitables. Es un hecho positivo que puede evitarse con una simple precaución. El principiante debe de vez en cuando interrumpir su concentración, lo suficiente para observar el estado de su cuerpo, y si lo encuentra cansado, tirante o rígido, debe abandonarla en el acto; cuando esto se ha hecho varias veces, los lazos de asociación se romperán y el cuerpo permanecerá flexible y descansado mientras la mente esté concentrada. Pantanjali dice que en la meditación la postura que se adopte debe ser "cómoda y agradable", pues el cuerpo no puede ayudar a la mente con su tensión y se perjudica.

Quizás una anécdota personal nos será permitida como ilustración del caso. Un día, mientras me hallaba bajo la educación de H. P. Blavatsky, ésta me indicó que hiciese un esfuerzo de voluntad; lo hice muy intenso, con el resultado de una gran dilatación de los vasos sanguíneos de la cabeza. "Querida mía –dijo secamente–, no se quiere con los vasos sanguíneos".

Otro peligro físico proviene del efecto producido por la concentración en las células nerviosas del cerebro. A medida que aumenta el poder de la concentración, a medida que la mente se aquieta y el Ego principia a obrar por medio de la misma, pone de nuevo a prueba las células nerviosas del cerebro. Estas células, por supuesto, están constituidas fundamentalmente por átomos, y las paredes de estos átomos consisten en espiralillas a través de las cuales pasan las corrientes de energía vital. De estas espiralillas hay siete series, de las cuales sólo cuatro están en uso; las otras tres están aún sin usar, son prácticamente órganos rudimentarios. A medida que las energías superiores descienden buscando un contacto en los átomos, la serie de espiralillas que, adelantando la evolución, les servían de canal, son forzadas a entrar en actividad. Si eso se hace muy lenta y cuidadosamente, no resulta perjuicio alguno; pero la excesiva presión significa un daño para la delicada estructura de las espiralillas. Estos tubos diminutos y delicados, cuando no están en uso, tienen sus lados en contacto como tubos de suave goma elástica; si los lados son separados violentamente, puede resultar una rotura. Una sensación de torpeza y pesadez en todo el cerebro es la señal de peligro, y si ésta se descuida, sobrevendrá un dolor agudo, seguido quizá de una inflamación persistente.

La concentración debe, pues, practicarse al principio con mucha parsimonia y jamás debe llevarse hasta el punto del cansancio cerebral. Unos pocos minutos en cada vez es suficiente para principiar; tiempo que se debe alargar gradualmente a medida que se continúa la práctica.

Pero por poco que sea el tiempo que se dedique a ello, debe hacerse con mucha regularidad; si se deja pasar un día de práctica, el átomo vuelve a su estado anterior y hay que comenzar de nuevo el trabajo. Una práctica regular constante, y no prolongada, asegura los mejores resultados y evita los peligros.

En algunas escuelas de la llamada Hatha Yoga, se recomienda a los estudiantes que ayuden la concentración fijando la vista en algún punto negro de una pared blanca, y sosteniendo la fijeza de la mirada hasta que sobrevenga el estado de *trance*. Ahora bien: hay dos razones porque esto no debe hacerse. Primeramente, tal ejercicio, después de cierto tiempo, daña la vista, y los ojos pierden su poder de ajustamiento; y segundo, ocasiona una especie de parálisis cerebral. Esta principia con el cansancio de las células de la retina; así es que las ondas luminosas chocan en ella y que el punto desaparece de la vista, porque el sitio de la retina donde se formaba la imagen de aquél pierde la sensibilidad a causa de una respuesta prolongada. Esta fatiga se extiende hacia adentro hasta que por fin sobreviene una especie de parálisis, y la persona pasa al estado hipnótico. En una palabra: el estímulo excesivo de un órgano de los sentidos es en Oriente un medio reconocido para producir la hipnosis, usándose con este objeto el espejo giratorio, la luz eléctrica, etcétera.

Pero la parálisis del cerebro no sólo detiene todo pensar en el plano físico, sino que hace el cerebro insensible a las vibraciones no físicas, de suerte que el Ego no puede impresionarlo; no pone en libertad al Ego, sino que solamente le priva de su instrumento. Un hombre puede permanecer semanas en un estado de trance provocado de este modo; pero cuando despierta no se encuentra más sabio que al principio del mismo. No ha adquirido conocimiento, sino que simplemente ha perdido el tiempo. Semejantes métodos no dan poder espiritual, sino que solamente producen incapacidad física.

Receptividad

La mayor parte de las personas son demasiado receptivas, pero esta receptividad es debida a la debilidad y no a la deliberada entrega de sí misma a las influencias superiores. Por tanto, es conveniente aprender cómo nos podamos hacer normalmente positivos, y cómo podamos hacernos negativos cuando lo consideremos conveniente.

El hábito de la concentración tiende por sí mismo a fortalecer la mente, de suerte que se preste a ejercer dominio y selección respecto de los pensamientos que vienen de afuera, ya se ha explicado cómo puede educársela para que automáticamente rechace los males. Pero bueno será añadir, a lo que se ha dicho, que cuando un mal pensamiento penetra en la mente es mejor no luchar con él directamente, sino utilizar el hecho de que la mente sólo puede pensar en una cosa a la vez; hacer que la mente se vuelva hacia el pensamiento y el malo será expulsado. Al luchar contra algo, la misma fuerza que emanamos ocasiona una reacción correspondiente, aumentando así nuestro trabajo, al paso que al volver el ojo mental a una imagen desaparezca silenciosamente del campo de visión. Muchas personas gastan en vano los años en combatir pensamientos impuros, mientras que la ocupación tranquila de la mente con los puros no dejaría lugar para los asaltantes; además, a medida que la mente atrae a sí materia que no responde al mal, se convierte gradualmente en positiva, en no receptiva para esa clase de pensamientos.

Este es el secreto de la verdadera receptividad; la mente responde con arreglo a su constitución; responde a todo aquello que es de naturaleza semejante a la suya; la hacemos positiva respecto de lo malo, negativa hacia lo bueno, por medio de un pensar habitual bueno, construyendo en su misma fábrica materiales que son receptivos de lo bueno y no receptivos de lo malo. Debemos pensar en lo que deseamos recibir y negarnos a pensar en lo que no queremos admitir. Una mente semejante, en el océano del pensamiento que la rodea, atrae a sí los pensamientos buenos, rechaza los malos, y de este modo se hace más pura y fuerte en medio de las mismas condiciones de pensamiento que hacen a otro más débil e impuro.

El método para reemplazar un pensamiento por otro se puede utilizar con gran ventaja de muchos modos. Si un mal pensamiento respecto de otra persona penetra en la mente, debe ser en seguida reemplazando por un pensamiento de alguna virtud que posea, o de alguna buena acción que haya hecho. Si la mente está atormentada por la ansiedad, volvedla hacia el pensamiento del objetivo que la vida implica: la Buena Ley, que “poderosa y dulcemente ordena todas las cosas”. Si una clase especial de pensamiento no deseable importuna persistentemente, entonces conviene usar un arma especial: debe escogerse algún verso o frase que encare la idea opuesta, y siempre que el importuno pensamiento se presente, debe repetirse esta frase y detenerse en ella. En una semana o dos el pensamiento dejará de turbarnos.

Es un buen plan de proporcionar constantemente a la mente algún pensamiento elevado, alguna palabra de ánimo, alguna aspiración de una vida noble. Antes de lanzarnos al tumulto del mundo, día por día, debemos dar a la mente este escudo de pensamiento bueno. Unas pocas palabras son bastantes, tomadas de alguna Escritura de la raza, y éstas, fijas en la mente por unas cuantas recitaciones en cada mañana, volverán a la mente una y otra vez durante el día, y se verá que la mente las repite cuando quiera que esté ociosa.

Meditación

La meditación puede decirse que la hemos explicado ya, pues es sólo la actitud sostenida de la mente concentrada en un objeto de devoción, en un problema que necesita aclararse para ser inteligible, en alguna cosa cuya vida se quiere penetrar y absorber más bien que no la forma.

La meditación no puede verificarse con eficacia hasta que se domine, por lo menos parcialmente, la concentración; pues la concentración no es un fin, sino un medio para llegar a un fin; hace que la mente se convierta en un instrumento cuyo dueño puede usarlo a voluntad. Cuando una mente concentrada se dirige con fijeza a un objeto con la vida a que pertenece la mente, entonces se verifica la meditación. La concentración puede considerarse como el moldeamiento del órgano, la meditación como su función. La mente se ha aguzado; entonces se la dirige y permanece firme con el objeto cuyo conocimiento se desea.

Cualquiera que se determine a llevar una vida espiritual, tiene que dedicar diariamente algún tiempo a la meditación. Más bien podría sostenerse la vida física sin alimento, que la espiritual sin meditación. Los que no pueden disponer de media hora de día, durante la cual puedan abstenerse del mundo y su mente recibir una corriente de vida de los planos espirituales, no pueden llevar la vida espiritual.

Sólo a la mente concentrada con fijeza, abstraída del mundo, puede lo divino revelarse. Dios se manifiesta en Su Universo bajo formas sin fin: pero dentro del corazón humano se muestra con Su Vida y Su Naturaleza. En este silencio, la paz, la fortaleza y la fuerza fluyen al alma, y el hombre de meditación es siempre el más eficaz del mundo.

Lord Rosebery, hablando de Cromwell, lo describe como "un místico práctico", y declara que un místico práctico es la fuerza más grande del mundo. Esto es verdad. La inteligencia concentrada, el placer de abstenerse del tumulto, significa firmeza, dominio propio, serenidad; el hombre de meditación es el hombre que no pierde tiempo alguno, que no desperdicia energía, que no pierde ninguna oportunidad. Semejante hombre gobierna los sucesos, porque dentro de él se alberga el poder del cual los sucesos son la expresión externa; él comparte la vida divina y, por tanto, el poder divino.

Modo de fortalecer el poder del pensamiento

Podemos proceder ahora a dirigir nuestro estudio del Poder del Pensamiento a la cuestión de la práctica, pues el estudio que no conduce a la práctica es estéril. La antigua declaración siempre es verdadera: "El fin de la filosofía es poner término al dolor". Tenemos que aprender a desarrollar y después a usar nuestro poder de pensamiento para ayudar a los que nos rodean, los vivos y los llamados muertos, para apresurar la evolución humana, así como también nuestro propio progreso.

El poder del pensamiento sólo puede aumentarse por la práctica firme y persistente; tan liberal y verdaderamente como el desarrollo muscular depende el ejercicio de los músculos que ya poseemos, así el desarrollo mental depende del ejercicio de la mente que ya es nuestra.

Es una ley de la vida que el desarrollo resulte del ejercicio. La vida, nuestro Yo, está siempre buscando una mayor expresión externa por medio de la forma que la contiene. A medida que es llamada afuera por medio del ejercicio, su presión sobre la forma hace que ésta se ensanche, y nueva materia es aportada a la forma, y de este modo una parte de la expansión se hace permanente. Cuando el músculo se alarga por el ejercicio, más vida fluye a él, las células se multiplican y el músculo se desarrolla de este modo. Cuando el cuerpo mental vibra bajo la acción del pensamiento, se le añade nueva materia de la atmósfera mental, la cual se asimila, aumentando así en tamaño y complejidad de estructura. Un cuerpo mental constantemente ejercitado crece, ya sean buenos o malos pensamientos en que se ejercite. La cantidad de pensamiento determina el desarrollo del cuerpo mental, la clase de pensamiento determina la clase de materia que se emplea en ese desarrollo.

Ahora bien: las células de la materia gris del cerebro físico se multiplican a medida que el cerebro se ejercita pensando. Exámenes *post mortem* han demostrado que el cerebro del pensador, no sólo es más grande y más pesado que el cerebro del patán, sino también que tiene un número mayor de circunvoluciones. Estas proporcionan un gran aumento de superficie a la materia gris, la cual es el instrumento inmediato físico del pensamiento.

De este modo el cuerpo mental y el cerebro físico se desarrollan por medio de ejercicio, y los que quieran mejorarlos y agrandarlos, tienen que recurrir al pensar regular diario, con el propósito deliberado de mejorar sus capacidades mentales. Es innecesario añadir que los poderes inherentes al Conocedor se desarrollan también más rápidamente con este ejercicio, y funcionan sobre los vehículos con fuerza creciente.

A fin de que pueda surtir todo su defecto, esta práctica debe ser metódica. Que un hombre escoja un libro valioso sobre algún asunto que le sea atractivo, un libro escrito por un autor competente, que contenga pensamientos nuevos y briosos. Debe leerse lentamente una sentencia o unas pocas, y luego el lector debe pensar con intensidad y fijeza sobre lo que ha leído. Es una buena regla el pensar dos veces mientras se lee, pues el objeto de leer no es simplemente adquirir nuevas ideas, sino el fortalecer las facultades pensantes. Si es posible, debe dedicarse media hora a esta práctica; pero el estudiante puede principiar con un cuarto de hora, porque en un principio encontrará algo fatigosa la fijeza de la atención.

Toda persona que principie esta práctica y la continúe con regularidad durante algunos meses, al fin de este tiempo estará consciente de un desarrollo bien claro de la fuerza mental, y verá que puede tratar los problemas ordinarios de la vida de un modo mucho más efectivo que antes. La Naturaleza es una dueña muy justa en sus pagos, y da a cada cual exactamente el salario que se ha ganado, pero ni un céntimo que no haya merecido. Los que quieran tener el salario de la facultad aumentada tienen que ganarlo pensando mucho.

La obra es doble, como ya se ha dicho. De un lado los poderes de la Conciencia salen afuera; de otro, las formas, por medio de las cuales se expresa aquélla, son desarrolladas, y la primera no debe nunca olvidarse. Mucha gente reconoce el valor del pensar definido en lo que afecta el cerebro, pero olvidan que la fuente de todo es el Yo inmortal no nacido, y que ellos no hacen más que exteriorizar lo que ya poseen. Dentro de ellos ya reside todo poder y sólo tienen que utilizarlo, pues el Yo Divino es la raíz de la vida en cada uno, y ese aspecto del Yo que es conocimiento, existe en cada cual y está siempre buscando la ocasión para expresarse por entero. El poder está en cada uno increado, eterno; la forma se moldea y cambia, pero la vida es el yo del hombre, ilimitando en sus poderes. Ese poder que en todos reside, es el mismo poder que formó el Universo; es divino, no humano; es una parte de la vida del Logos e inseparable de El.

Si esto se comprendiese bien, y si el estudiante tuviese presente que no es falta de poder, sino lo inadecuado del instrumento lo que constituye la dificultad, trabajaría muchas veces con más ánimo y esperanza, y, por tanto, con más eficacia. Debe llegar a sentir que su naturaleza esencial es conocimiento, y que de él depende que esta naturaleza esencial encuentre expresión en esta encarnación. Esta expresión está ciertamente limitada por los pensamientos del pasado; pero puede ser aumentada ahora y hecha más eficaz por el mismo poder que en ese pasado moldeó el presente. Las formas son plásticas y se prestan a ser moldeadas de nuevo aunque lentamente, por medio de las vibraciones de la vida.

Sobre todo el estudiante debe tener presente que para un desarrollo firme es esencial la regularidad de la práctica. Cuando se omite un día de práctica, son necesarios tres o cuatro para volver a ganar lo que se pierde en aquél, cosa que sucede, por lo menos, en los primeros grados del desarrollo. Una vez adquirido el hábito de pensar con fijeza, entonces la regularidad de la práctica es menos importante. Pero hasta que este hábito no se haya establecido de un modo definitivo, la regularidad es de capital importancia, porque la costumbre antigua del pensar vago vuelve a desecharse cuando de nuevo se vuelve a principiar la interrumpida práctica. Es mejor cinco minutos de trabajo hecho con regularidad, que media hora unos días y nada en otros.

Cavilación: su significado y extirpación

Se ha dicho con verdad que la gente se aventaja más en la cavilación que en el trabajo. El trabajo, a menos que sea excesivo, no perjudica el aparato del pensamiento, sino que, al contrario, lo fortalece. Pero el proceso mental conocido como "cavilación" lo perjudica de un modo definido, y después de cierto tiempo produce un agotamiento nervioso y una irritabilidad que hace imposible un trabajo mental firme.

¿Qué es "cavilación"? Es el proceso de repetir la misma serie de pensamientos una y otra vez, con pequeñas variantes, sin llegar a resultado alguno y sin siquiera pensar en obtener un resultado. Es la continua reproducción de formas de pensamiento iniciadas por el cuerpo mental y el cerebro, no por la conciencia, e impuesta a ésta por aquellos. Así como los músculos excesivamente fatigados no pueden estar en reposo, así el cuerpo mental y el cerebro fatigados repiten una y otra vez las mismas vibraciones que los han causado y en vano trata el pensador de acallarlos para obtener reposo. El automatismo se presenta otra vez: la tendencia a moverse en la misma dirección ya emprendida. El pensador se ha detenido en un asunto penoso y ha tratado de llegar a una conclusión definida y útil. Fracasó en ello y cesó de pensar, pero no ha quedado satisfecho; deseando encontrar una solución y dominado por el temor le hace permanecer en un estado de ansiedad y desasosiego, causando un flujo irregular de energía. El cuerpo mental y el cerebro, bajo el impulso de esta energía y del deseo, bien que no dirigirlos por el pensador, continúan moviéndose y lanzando las imágenes antes formadas y rechazadas. Estas son, por decirlo así, impuestas a su atención, y la serie vuelve una y otra vez. A medida que aumenta el cansancio preséntase la irritabilidad y reaccionan de nuevo las cansadas formas, y así la acción y reacción continúan en un círculo vicioso. El pensador es, en la cavilación, el esclavo de sus cuerpos servidores, y sufre bajo su tiranía.

Ahora bien: este automatismo del cuerpo mental y del cerebro, esta tendencia a repetir las vibraciones ya producidas, puede usarse para corregir la inútil repetición de pensamientos perturbadores. Cuando una corriente de pensamientos ha abierto un canal –o sea una forma de pensamiento–, nuevas corrientes de pensamiento tienden a fluir por el mismo curso, siendo ésta la línea de menor resistencia. Un pensamiento que causa dolor, vuelve pronto atraído por la fascinación del temor, de la misma manera que un pensamiento que causa placer vuelve atraído por la fascinación del amor. El objeto del amor, el cuadro de lo que sucederá cuando lo que se prevé llegue a realizarse, forma así un conducto mental, un molde para el pensamiento e igualmente para el cerebro. La tendencia del cuerpo mental y del cerebro, no sujetos por trabajo alguno perentorio, es repetir la forma y dejar fluir la energía disponible por el canal ya construido.

Quizás el medio mejor para deshacerse de un "un conducto de cavilación" sea abrir otro de carácter completamente opuesto. Semejante conducto es construido, como ya hemos visto, por un pensamiento definido, persistente y regular. Así, pues, que la persona atormentada por la cavilación dedique tres o cuatro minutos cada mañana, al levantarse, a algún pensamiento noble y alentador: "El Yo es la Paz; ese Yo es mi yo. El Yo es la Fuerza; ese Yo es mi yo". Que piense cómo en su naturaleza más intima es uno con el Padre Supremo; que dentro de tal naturaleza es inmortal, inmutable, sin temor, libre, sereno, fuerte; cómo está revestido de vestimentas perecederas que siente el aguijón del dolor, el roer de la ansiedad, y cuán erróneamente considera a aquéllas como a sí mismo. Meditando de esta manera, la Paz le envolverá y sentirá que es suya, que es su atmósfera natural.

Al hacer esto día tras día, el pensamiento abrirá su propio conducto en el cuerpo mental y en el cerebro, y antes de mucho tiempo, cada vez que la mente se encuentre desocupada, el pensamiento de que el Yo es la Paz y la Fuerza se presentará sin llamarlo, envolviendo la mente en sus alas en medio del tumulto mismo del mundo. La energía mental fluirá naturalmente por este canal y la cavilación será cosa del pasado.

Otro medio es educar a la mente a reposar en la Buena Ley, establecer una costumbre de contento. Aquí el hombre reposa en el pensamiento de que todas las circunstancias arrancan de la ley y de que nada sucede por casualidad. Tan sólo lo que la ley nos trae es lo que puede alcanzarnos, cualquiera que sea la mano de la que externamente nos provenga. Nada que no sea lo que nos corresponda puede tocarnos; nada que no haya sido causado por nuestra propia voluntad y hechos; nadie puede perjudicarnos sino como instrumento de la ley, cobrando una deuda que debíamos pagar. Hasta cuando se prevé un dolor o un disgusto, se hará bien en hacerle frente con tranquilidad, en aceptarlo, en conformarse con él. La mayor parte del aguijonazo pierde su fuerza cuando prestamos nuestra conformidad a la Ley, cualquiera que aquél pueda ser. Y esto lo podemos hacer aún más fácilmente si recordamos que la ley siempre obra para liberarnos, para saldar las deudas que nos retienen aprisionados; y aun cuando nos acarrea el dolor, el sufrimiento es sólo el camino de la dicha. Todo sufrimiento, sea el que sea, obra para nuestra dicha final, y su función es sólo romper los lazos que nos mantienen atados a la rueda gigante de los nacimientos y las muertes.

Cuando estos pensamientos se hayan hecho habituales, la mente cesará de atormentar con su cavilación, porque las garras de la cavilación no pueden penetrar en la fuerte coraza de la paz.

Pensar y cesar de pensar

Mucha fuerza puede obtenerse aprendiendo tanto a pensar como a dejar de pensar a voluntad. Mientras estamos pensando debemos lanzar toda nuestra mente dentro del pensamiento, y pensar lo mejor que podamos; pero cuando ha cesado el trabajo de pensar, debe abandonarse *por completo*, sin permitir que vague inútilmente, tocando el trabajo y abandonándolo como un bote que choca contra una roca. A una máquina no se la mantiene funcionando cuando no produce trabajo alguno, gastándola inútilmente; pero a la inapreciable máquina del pensamiento se le permite dar vueltas y más vueltas sin objeto, cansándola sin resultado alguno útil. El aprender a cesar de pensar, a dejar reposar la mente, es una adquisición de mayor valor. Así como los fatigados miembros recobran energías gozando en el reposo, así también la mente cansada encuentra alivio en el reposo completo. El pensar constante significa constante vibración, y la vibración constante un gasto continuo. Este gasto inútil de energía produce el agotamiento y la decadencia prematuras, y un hombre puede preservar el cuerpo mental y el cerebro más tiempo, aprendiendo a dejar de pensar cuando el pensamiento no se dirige a algún resultado útil.

Es verdad que "dejar de pensar" no es en modo alguno una cosa fácil. Es, quizá más difícil que el pensar. Debe practicarse por períodos muy breves hasta que se adquiere el hábito, porque en un principio implica un gasto de fuerza en sostener la mente quieta. Que el estudiante, después de haber pensado firmemente, abandone el pensamiento, y así que cualquier pensamiento aparezca en la mente, aparte su atención del mismo. Que persistentemente rechace a todo intruso; si es necesario, imaginar un vacío como un paso hacia el reposo, y tratar de tener sólo conciencia de la quietud y oscuridad. La práctica en este sentido se hará cada vez más inteligible si se persiste en ella, y una sensación de quietud y paz animará al estudiante a continuar.

Tampoco debe olvidarse de que la cesación del pensamiento, ocupado en actividades externas, es un preliminar necesario para trabajar en planos superiores. Cuando el cerebro ha aprendido a estar en reposo, cuando ya no reproduce sin descanso las truncadas imágenes de actividades pasadas, entonces se presenta la posibilidad de retirar la conciencia de sus vestimentas físicas y de su actividad libre a su mundo propio. Los que esperan dar tal paso adelante en esta vida presente tienen que aprender a cesar de pensar, porque sólo cuando "las modificaciones del principio pensante" son refrenadas en el plano inferior, puede obtenerse la libertad en el superior.

Otro modo de dar reposo al cuerpo mental y al cerebro –mucho más fácil que la cesación del pensar– es cambiando de pensamiento. Un hombre que piensa fuerte y persistentemente en un sentido, debe tener otra segunda línea de pensamiento lo más distinta posible de la primera, a la cual pueda dedicar su mente para proporcionarle descanso. La extraordinaria frescura y juventud de pensamiento que caracterizaba a William Ewart Gladstone en su ancianidad, era en gran parte resultado de las actividades intelectuales subsidiarias de la vida. Su pensamiento más fuerte y persistente se dedicaba a la política, pero sus estudios de teología y griego le empleaban muchas horas desocupadas. Ciertamente que era un mediano teólogo; y lo que sabía de griego no soy competente para afirmarlo; pero aunque el mundo no se encuentre más rico con sus sentencias teológicas, su propio cerebro se mantenía fresco y receptivo por medio de estos estudios. De otra parte, Charles Darwin se lamentaba en su vejez de que había dejado atrofiar, por falta de uso, aquellas facultades que podían referirse a asuntos extraños a su propio trabajo específico. La literatura y el arte no tenían para él atracción alguna, y sentía vivamente las limitaciones que se había él mismo impuesto por su completa absorción en una sola línea de estudios. El hombre necesita cambio de ejercicio en el pensamiento así como el cuerpo, de otro modo puede sufrir el calambre mental, como a algunos sucede con el calambre de escribir.

Especialmente, quizás, es importante para los hombres entregados a asuntos mundanos absorbentes, elegir un asunto que ocupe sus facultades mentales, que no se hayan desarrollado en la actividad de los negocios, que se relacione con las artes, ciencias o literatura, en donde pueden encontrar recreo y cultura. Sobre todo los jóvenes deberían adoptar algún método semejante antes de que sus juveniles y activos cerebros lleguen al cansancio y al desaliento, y en la vejez encontrarán entonces en sí mismos recursos que alegrarán sus decadentes días. La forma conservará su elasticidad por mucho más tiempo cuando se le proporciona de este modo descanso cambiando de ocupación.

El secreto de la paz de la mente

Mucho de lo que ya hemos estudiado nos dice algo del modo de asegurar la paz de la mente; pero su necesidad fundamental es el claro reconocimiento y comprensión de nuestro lugar en el universo.

Somos parte de una gran Vida que no conoce fracaso alguno, ninguna pérdida de esfuerzo o de fuerza, "que ordenando todas las cosas potente y armoniosamente, conduce a los mundos marchando hacia la meta". La noción de que nuestra vida es una unidad separada, independiente, combatiendo por sí misma contra innumerables unidades separadas e independientes, es una ilusión de las mas perturbadoras. Mientras consideremos de tal modo el mundo y la vida, la paz se hallará retirada de nosotros como un pináculo inaccesible. Cuando sintamos y sepamos que todos los yoes son uno, entonces la paz de la mente será nuestra sin temor alguna de pérdida.

Todas nuestras desdichas provienen de creernos unidades separadas, y de girar después en nuestros propios ejes mentales, pensando solamente en nuestros intereses separados, nuestros separados objetivos, nuestras alegrías y penas separadas. Algunos hacen esto respecto de las cosas inferiores de la vida, y son los menos satisfechos de todos, siempre arrebatando sin cesar el depósito general de bienes, y amontonando tesoros inútiles. Otros buscan siempre su propio progreso separado de la vida superior, gente buena y fervorosa, pero siempre descontenta y ansiosa. Siempre se están contemplando y analizando: ¿Adelanto? ¿Se más de lo que sabía al año pasado?, y así por el estilo, ansiando continuas seguridades de progreso y concentrados sus pensamientos en sus propias ganancias personales.

La paz no se encuentra en los constantes esfuerzos para satisfacer algo separado, aun cuando la satisfacción sea de clase superior. Se encuentra renunciando al yo separado, apoyándose en el Yo que es Uno, el Yo que se manifiesta en *todas* las etapas de la evolución, y en nuestro estado lo mismo que en cualquier otro, y en todos está contento.

El deseo del progreso espiritual es de gran valor en tanto que los deseos inferiores envuelven y encadenan al aspirante; obtiene fuerza para libertarse de ellos por el deseo apasionado del desarrollo espiritual, pero no da ni puede dar la dicha, que sólo se encuentra cuando se desecha el yo separado y se reconoce al gran Yo como aquello para cuyo servicio vivimos en el mundo. Hasta en la vida ordinaria la gente no egoísta es la más feliz: aquellos que trabajan en hacer felices a otros y que se olvidan de sí mismos.

Somos el Yo y, por tanto, las alegrías y pesares de otros son tan nuestros como suyos, y en la proporción en que sintamos esto y aprendamos a vivir de suerte que el mundo todo participe de la vida que fluye por nosotros, aprenden nuestras mentes el secreto de la paz. “Obtiene la paz aquel en quien todos los deseos fluyen como los ríos en el Océano, que está lleno de agua y permanece inalterable."[3] Mientras más deseamos, tanto más la sed de la dicha –la cual es desdicha– aumentará. El secreto de la paz es el conocimiento del Yo, y el pensamiento "Ese Yo, soy yo", y ayudará a la obtención de la paz de la mente que nada puede turbar.

Capítulo VI

AYUDAR A OTROS POR MEDIO DEL PENSAMIENTO

Lo más valioso de lo que consigue el que trabaja por el poder del pensamiento, es la mayor facultad para ayudar a los demás, a los débiles que no han aprendido a utilizar sus propios poderes. Con su propia mente y corazón en paz puede auxiliar a otros.

Una simple clase de pensamiento puede auxiliar en su esfera, pero el estudiante deseará hacer algo más que dar un mero mendrugo al hambriento.

Consideremos primeramente el caso de un hombre que se halle dominado por una mala costumbre tal como la de la bebida, y a quien un estudiante desease auxiliar. En primer lugar, debe asegurarse, si le es posible, a qué hora la mente del paciente es probable que se halle más desocupada, como, por ejemplo, la hora en que acostumbra acostarse. Si el hombre durmiese, tanto mejor. En tal momento, y para tal objeto, debe retirarse a un sitio apartado y pintarse la imagen mental del paciente del modo más vivido que pueda, como sentada enfrente de él, representándola claramente con todo detalle, de suerte que vea la imagen como si viese al sujeto mismo. (Esta claridad de la pintura no es esencial, por más que haga mucho más eficaz el proceso.) Luego debe fijar la atención en esta imagen y dirigir a ella, concentrándose todo lo posible, uno a uno y con toda lentitud, los pensamientos que desee imprimir en la mente del paciente. Debe presentarlos como imágenes mentales claras, exactamente como si estuviese dirigiéndole una serie de argumentos con la palabra. En el caso que hemos elegido, puede hacersele presente vívidas descripciones de las enfermedades y desgracias que acarrea la costumbre de la bebida, el agotamiento nervioso y el inevitable y triste fin. Si el paciente duerme, será atraído hacia la persona que esté pensando de este modo en él y animará la imagen que de él ha sido formada. El éxito depende de la concentración y firmeza del pensamiento dirigidos al paciente, y su efecto será proporcional al desarrollo del poder del pensamiento.

En semejante caso debe tenerse cuidado de no tratar de dominar, de ningún modo, la voluntad del paciente; el esfuerzo debe ser completamente dirigido a presentar a su mente las ideas que, influyendo sobre su inteligencia y sentimientos, puedan estimularle a formar un juicio correcto y a hacer un esfuerzo para ponerlo en práctica. Si se intentase imponerle una determinada línea de conducta, y se consiguiese, muy poco se habría ganado entonces. La tendencia mental hacia los vicios no será cambiada por oponerle un obstáculo, en satisfacerlos de cierta manera; detenida en una dirección, buscará otra, y un nuevo vicio reemplazará al antiguo. Un hombre a quien se obligue a la fuerza a la templanza por el dominio de su voluntad, se halla tan curado de su vicio como si se hallase en una prisión. Aparte de esto ningún hombre debe tratar de imponer su voluntad a otro, ni aun para hacerle bien. El desarrollo no se ayuda con semejante coerción; la inteligencia debe ser convencida, los sentimientos despertados y purificados: de otro modo no se consigue nada positivo.

Si el estudiante desea prestar alguna otra clase de auxilio a su pensamiento, debe proceder del mismo modo, ideándose la imagen de un amigo. Un deseo fuerte para su bien que se le envíe como un agente general protector, permanecerá a su lado por algún tiempo, como una forma de pensamiento, proporcionando a la fuerza del mismo y de su voluntad, y le servirá de escudo contra el mal, actuando como una barrera contra los pensamientos hostiles y hasta defendiéndole de peligros físicos. Un pensamiento de paz y consuelo, enviado del mismo modo, consolará y tranquilizará la mente, rodeándola de una atmósfera de calma.

La ayuda que a menudo se presta a otro por medio de la oración, es en gran parte de la clase que se ha descrito, siendo debido el frecuente éxito de la oración a la mayor concentración e intensidad que pone el piadoso creyente en ésta. Una concentración e intensidad semejantes acarrearían resultados similares sin el uso de la oración.

Hay otro modo de que la oración sea eficaz algunas veces: llamar la atención de alguna inteligencia sobrehumana, o humana desarrollada, hacia la persona por quien se ruega; entonces puede venirle una ayuda directa, enviada por un poder que sobrepuje el del que ore.

Quizá sea conveniente presentar aquí la observación de que el teósofo no bien instruido no debe alarmarse ni abstenerse de prestar al auxilio de pensamiento de que sea capaz, por temor de "intervenir en el Karma."[1] Deje al Karma cuidarse de sí mismo

1 Karma: La ley de reparación de justicia retributiva, por la cual, cada acción, como causa, se relaciona directa, aunque no inmediatamente con sus efectos. Es la ley final de toda la vida, que comprende todas las demás leyes del Universo. (*Lo que es la Teosofía,* W. R. Old).

La Ley (Karma) opera en todos los actos y en todos los puntos del Espacio visible e invisible; sus dos movimientos de emanación y de absorción, de

y no tema intervenir en él, ni más ni menos que si se tratase de la ley de la gravitación. Si puede ayudar a su amigo, que lo haga sin temor, confiando en que si puede hacerlo, es porque tal ayuda estaban en el Karma de su amigo, y que él mismo no es más que el dichoso agente de la Ley.

Auxilios a los llamados muertos

Todo lo que podamos hacer por los vivos, por medio del pensamiento, podemos verificarlo aún más fácilmente respecto de los que han pasado antes que nosotros por las puertas de la muerte; pues respecto de ellos no existe ninguna materia física grosera que poner en vibración antes de que el pensamiento pueda llegar a la conciencia despierta.

Después de la muerte, la tendencia del hombre es volver su atención internamente y vivir en su mente más bien que en un mundo externo. Las corrientes de pensamiento que acostumbraban lanzarse a lo exterior, buscando el mundo externo por medio de los órganos de los sentidos se encuentran entonces rodeados

---

acción y reacción, dirigen las curvas más complejas de la evolución; la acción crea, la reacción destruye; la emanación desarrolla los seres, la absorción los disuelve, conservando tan sólo sus semillas (*La Reincarnation*, Dr. Th. Pascal).

Karma es físicamente acción; metafísicamente, ley de RETRIBUCIÓN; la Ley de la Causa y el Efecto o causa Etica.– Hay el Karma del mérito y el Karma del demérito. El Karma ni castiga ni recompensa; es simplemente la Ley *una* Universal que dirige infalible, y, por decirlo así, ciegamente, a todas las demás leyes protectoras de ciertos efectos por conductos de sus cualidades respectivas (*La clave de la Teosofía*, H. P. Blavastky).

de un vacío, causado por la desaparición de sus instrumentos. Es como un hombre que acostumbrado a lanzarse a través de un puente teñido sobre un abismo, se encontrase súbitamente detenido ante el vacío, por haber desaparecido el puente.

La reconstrucción del cuerpo astral que sigue inmediatamente a la pérdida del cuerpo físico, tiende a encerrar dentro las energías mentales para impedir su expresión externa. La materia astral, si no es perturbada por actos de los que quedan en la tierra, forman una coraza aisladora en lugar de un instrumento plástico, y mientras más pura y elevada haya sido la vida que ha terminado, tanto más completa es la barrera entre las impresiones de afuera y las sugestiones de adentro. Pero la persona que así es refrenada en la expansión de sus energías es mucho más receptiva de las influencias del mundo mental, y por tanto puede ser auxiliada, consolada y aconsejada de un modo mucho más eficaz que cuando estaba en la tierra.

En el mundo a que han pasado los que se han libertado del cuerpo físico, un pensamiento amante es tan palpable a los sentidos como aquí pueden serlo las palabras amantes o los tiernos cuidados. Así, pues, todos los que marchan deben ser seguidos por pensamientos de paz y de amor, por deseos de que pasen pronto a través de los valles de la muerte hacia las brillantes regiones superiores. Muchos son los que permanecen en el estado intermedio más tiempo del que de otro modo estarían, porque tienen el mal Karma de no poseer amigos que sepan cómo ayudarles desde este lado de la muerte. Y si la gente en la tierra supiese ¡cuánto consuelo y dicha experimentan los viajeros que marchan hacia los mundos celestes, por medio de estos verdaderos mensajeros angélicos, o sean esos pensamientos de amor y de fortaleza; si supiesen la potencia que tienen para reanimar y consolar, ninguno quedaría abandonado por los que quedan atrás. Los queridos "muertos" tienen, seguramente, derecho a nuestro amor y cuidado, y aun aparte de esto, ¡cuán grande es el consuelo para el corazón, que carece de la presencia que iluminaba su vida, de poder seguir sirviendo al ser amado y rodeado en su marcha de los ángeles guardianes del pensamiento!

Los ocultistas que fundaron las grandes religiones no descuidaron estos servicios, debidos por lo que quedan en la tierra a los que parten de ella. Los indios tiene su Shrâddha, por medio del cual ayudan en su camino las almas que han pasado al mundo próximo, apresurando su paso al Svarga. Las iglesias cristianas tienen misas y oraciones para los "muertos": "Concédele, Señor, la paz eterna, y permite que la luz perpetua brille sobre él", ruega el cristiano por su amigo del otro mundo. Sólo los protestantes han perdido esta feliz costumbre, con otras muchas cosas que pertenecen a la vida superior del hombre cristiano. ¡Que el conocimiento les devuelva pronto esta útil y auxiliadora práctica que la ignorancia les ha robado!

Trabajo del pensamiento fuera del cuerpo

No debemos limitar nuestra actividad del pensamiento a las horas que empleamos dentro del cuerpo físico; pues puede trabajarse mucho más eficazmente con el pensamiento cuando nuestros cuerpos reposan tranquilamente dormidos.

El proceso de "dormirse", es simplemente la retirada de la conciencia del cuerpo físico, revestida de sus cuerpos sutiles; aquél queda sumido en el sueño, mientras que el hombre mismo pasa al mundo astral. Libre de su cuerpo físico, es mucho más poderoso en lo que se refiere a los efectos que puede producir con su pensamiento; pero en la mayor parte de los casos no lo lanza fuera, sino que lo emplea dentro de sí en asuntos que le interesan en su vida de vigilia. Las energías de su pensamiento corren por sus acostumbrados moldes y trabajan en los problemas de cuya resolución se ocupa su conciencia en la vigilia.

Dice el proverbio que "la noche es buena consejera"; el consejo, cuando hay que tomar una decisión importante, de "consultarlo con la almohada", son vagas intuiciones de este hecho de las actividades mentales durante el sueño. Sin ningún propósito deliberado de utilizar la inteligencia libertada, el hombre reúne y recoge el fruto de su labor.

Sin embargo, los que procuran impulsar su evolución, en lugar de dejarla vagar, deben aprovecharse conscientemente de los mayores poderes que pueden ejercitar cuando están libres del peso del cuerpo físico. El modo de hacer esto es muy sencillo. Todo problema que requiera solución, debe tenerse tranquilamente en la mente cuando se va a dormir; no debe ser debatido ni argüido, porque impediría la venida del sueño, sino, por decirlo así, manifestado con claridad y dejado. Esto es suficiente para dar la dirección conveniente al pensamiento, y el pensador lo cogerá y se ocupará de él una vez libre del cuerpo físico. Por regla general, la solución se tendrá al despertar, esto es, el pensador la habrá impreso en el cerebro; y es un buen plan tener papel y lápiz al lado de la cama para anotar la solución en el momento de despertar; pues un pensamiento así obtenido se borra con mucha facilidad por la agitación estimulante del mundo físico, y no se recobra fácilmente. Muchas dificultades de la vida pueden verse claramente de este modo, y un camino lleno de obstáculos allanarse. Y también muchos problemas mentales pueden encontrar su solución cuando se someten a la inteligencia liberada del denso cerebro.

Del mismo modo puede el estudiante ayudar a cualquier ser de este mundo, o del otro, durante las horas de sueño. Debe pintarse mentalmente a la persona, y determinar encontrarla y ayudarla. La imagen mental atraerá junto a él a la persona y se comunicarán en el mundo astral. Pero en todos los casos en que cualquier emoción se despierte por el pensamiento del amigo –como puede suceder cuando se trata de alguno que ha fallecido– el estudiante debe tratar de calmarla antes de dormirse; pues la emoción causa un remolino en el cuerpo astral, y si este cuerpo está en un estado de fuerte agitación aisla la conciencia y hace imposible que las vibraciones mentales pasen afuera.

En algunos casos de tales comunicaciones en el mundo astral puede quedar un "sueño" en la memoria despierta, al paso que en otros no aparece rastro alguno. El sueño es los anales –a menudo confusos y mezclados con vibraciones extrañas– de la entrevista fuera del cuerpo, y debe considerarse así. Pero si no aparece rastro alguno en el cerebro, no importa, toda vez que las actividades de la inteligencia liberada no son coartadas por la ignorancia del cerebro que no las comparte. La utilidad de un hombre en el plano astral no está gobernada por los recuerdos impresos en el cerebro a la vuelta de la conciencia y este recuerdo puede estar por completo ausente, al paso que el trabajo más beneficioso puede ocupar las horas del sueño del cuerpo.

Otra forma de trabajo del pensamiento que se recuerda muy poco y que puede hacerse, ya sea fuera o dentro del cuerpo físico, es el auxiliar las buenas causas, los movimientos públicos beneficiosos a la humanidad. El pensar en esto de un modo definido es lanzar corrientes de auxilio de los planos internos del ser, y esto lo podemos considerar especialmente con relación al poder del pensamiento combinado.

El poder del pensamiento combinado

La mayor fuerza que puede obtenerse por la unión de varias personas para ayudar en un asunto común a todos, es reconocida no sólo por los ocultistas, sino por todos los que saben algo de la ciencia más profunda de la mente. Hay la costumbre, por lo menos en algunas partes profundas de la cristiandad, de que al envío de alguna misión evangélica a determinado lugar le preceda un pensamiento constante y definido. Una partida pequeña, por ejemplo, de católicos romanos, se reúne durante algunas semanas o meses antes del envío de una misión y prepara el terreno donde ha de trabajar, imaginándose el sitio, pensando estar presente allí, y luego meditando intensamente en algún dogma definido de la Iglesia. De este modo se crea una atmósfera de pensamiento en aquel distrito muy favorable a la propaganda de las enseñanzas católico-romanas, y los cerebros respectivos son preparados para recibir instrucciones. El trabajo del pensamiento será ayudado por la mayor intensidad que se le comunica por medio de la oración fervorosa, que es otra forma de trabajo de pensamiento que proviene del fervor religioso.

Las ordenes contemplativas de la iglesia católica romana realizan mucho trabajo bueno y útil por medio del pensamiento, como hacen también los reclusos en las religiones indias y budistas. Dondequiera que una inteligencia pura y buena trabaja para ayudar al mundo, difundiendo pensamiento nobles y elevados, allí se lleva a efecto un servicio definido para el hombre, y el pensador solitario se convierte en uno de los que elevan al mundo.

Un grupo de pensadores similares, tal como un grupo de teósofos, puede hacer mucho para propagar las ideas teosóficas en su propio distrito, conviniendo dedicar diez minutos al día en una hora determinada a pensar en una enseñanza teosófica. No es necesario que sus cuerpos se reunan en un sitio, porque lo que se requiere es que sus mentes estén unidas. Supongamos un grupo decidido a pensar diariamente acerca de la reencarnación diez minutos al día a una hora fija, durante tres o seis meses. Multitud de formas poderosas de pensamiento llenarían el distrito elegido, y la idea de la reencarnación penetraría en gran número de mentes. Se pedirían informes, los libros que tratasen del asunto serían buscados, y una conferencia sobre el mismo, después de tal preparación atraería un auditorio ansioso e interesado. Dondequiera que haya personas llenas de intéres que se combinen para esta clase de propaganda mental, se realiza un progreso relativamente desproporcionado a las agencias físicas que se emplean.

CONCLUSION

De este modo podemos aprender a utilizar las grandes fuerzas que existen en nosotros, y a utilizarlas con el mayor efecto. A medida que las usamos aumentará su potencia, hasta que con sorpresa y alegría veremos cuán gran poder de servir poseemos.

Téngase presente que continuamente estamos usando estos poderes inconsciente, espasmódica y débilmente, afectando siempre, ya sea por bien o por mal, a todos los que nos rodean en nuestra marcha en la vida. Y aquí tratamos de inducir al lector a que use estas mismas fuerzas de un modo consciente, potente y firme. No podemos impedir el pensar hasta cierto punto, por débiles que sean las corrientes de pensamiento que engendremos. *Tenemos* que afectar a los que nos rodean queramos o no; lo único que tenemos que decidir es si lo hacemos en sentido beneficioso o dañino, débil o fuertemente, de un modo vacilante o con determinado propósito. No podemos impedir que los pensamientos de otros toquen nuestras mentes; sólo podemos elegir cuales debemos recibir y cuales rechazar. Tenemos que afectar y ser afectados; pero podemos afectar a otros en su beneficio o en su daño, podemos ser afectados por lo bueno o por lo malo. En esto consiste nuestra elección, elección de trascendencia para nosotros y para el mundo.

Escoged bien; pues vuestra elección
es breve y, sin embargo, perdurable.

INDICE

Principios de Meditación, por J.I. Wedgwood

El Poder del Pensamiento, por Annie Besant